# THE CASE FOR CHARACTER EDUCATION:

## EDUCATION:

a developmental approach

教育部人文社会科学重点研究基地南京师范大学道德
教育研究所重点招标课题"现代生活方式与道德教育"
（11JJD880020）阶段性成果

·当代德育理论译丛·

檀传宝　主编

# 人格教育之辩：
## 一个发展性视角

[美]艾伦·洛克伍德　著◎
Alan L. Lockwood

孙彩平　周艳培　译◎

孙彩平　校◎

教育科学出版社
·北京·

## 作者简介

艾伦·洛克伍德（Alan L. Lockwood，1941—　），师从科尔伯格，现为美国威斯康星大学麦迪逊校区课堂与教学学院教授。洛克伍德教授一直致力于价值观教育研究，其研究旨趣广泛涉猎美国当代价值澄清理论、道德教育理论以及人格教育理论。

## 译者简介

孙彩平，女，河北无极人，1971 年 7 月出生，现为南京师范大学道德教育研究所教授，博士生导师。主要从事德育原理的研究，关注网络生活对青少年学生道德成长的影响、中小学品德课教材的开发与教学等。

周艳培，女，浙江人，1982 年 12 月出生，现为东北师范大学教育科学学院教育学原理专业博士生。

# 总 序

## 多元文化时代中国德育的必然选择

### （一）

尽管一些人对"多元化"抱有过分谨慎的态度，多元文化时代的来临在全球范围内都已经是一个不争的事实。德育是一个最具文化特性的事业，无论是德育目标、内容的确定，还是德育过程与方法的选择，全部德育活动都是一种无法脱离文化的价值存在。

多元文化时代给德育带来的积极意义是不言而喻的：在德育的目标和内容方面，多元价值的相遇、对话，甚或是冲突，都有利于当代德育更认真、更仔细地看待价值文化的相对与共识；在德育的过程安排、方法选择等方面，由于价值本身具有的相对性在多元文化时代的空前凸显，所有人都会发现：没有学习者的主体性就没有真正意义上的德育，古代社会所笃信的强制灌输的德育模式将彻底地无以为继。就像互联网使得信息垄断变得日益困难一样，多元化时代的来临最有价值的意味是一个前所未有的民主与科学时代的来临——其中当然也包括德育的民主化和科学化。

更为重要的是，文化或者价值多元会使得当代人前所未有地在价值生活上无所适从。而这一时代特征将使所有社会和个人都"被迫"关注德育，并认可它的重要性，关切其实效的提高。从德育的立场出发也许我们可以说，托多元文化之福，一个从真正意义上关心德育的时代已经来临。

当然，多元文化时代并不仅仅是一种廉价的、单方面的福利。"双刃剑"之所以成为我们经常引用的一个隐喻，最主要的原因之一是价值多元的另外一个层面——危险性或者挑战性的层面。

与德育密切相关的危险性、挑战性首先表现在：由于达至共识是如此之难，价值多元最有可能导致的危险就是虚假的价值宽容或者相对主义。价值相对主义的结果往往是价值虚无主义。而当什么都是对的时，德育将在实际上被取消。最近二十多年时间中，西方社会之所以普遍出现德育向传统回归的趋向（比如，美国的品德教育运动正在蓬勃展开，英国已经将公民教育列入中小学的必修课程），就是因为学校德育已经走向了价值相对主义和虚无主义，或者已经被错误的"民主"、"自由"等概念所误导。当许多人宣称道德、价值的选择完全是个人的自由与权利，教育能做的就只能是帮助学生"澄清"他们已有价值观的时候，德育其实已经不再存在。我们相信，如果不对西方一些国家所经历的曲折保持理性、冷静的观察，像中国这样正在向西方学习、努力实现教育"现代化"的东方国家就极有可能重蹈他们的某些覆辙。

此外，由于多元化与"全球化"的密切关联，多元文化时代又是一个极容易被操纵、被引诱的时代。当发展中国家或者弱势文化群体宽容、膜拜某些价值观（常常属于强势文化）的时候，多元化恰恰可能变成一个文化强权、价值灌输的工具。以美国当下风头正盛的品德教育（Character Education）运动为例，当一些学者热衷于找寻价值共识或者底线，以便进行正面、直接的品德教育的时候，一些学者已经公开质疑："谁"的共识、"谁"的底线？——原来他们发现，在美国绝大多数社区通过家长投票之类方法所确定的所谓价值共识依然不过是盎格鲁撒克逊（Anglo-Saxon）白人的"主流"价值观，少数族裔的价值观已经被无情、"合法"地边缘化了。这种"多数人的专制"将会继续下去，如果我们缺乏足够的、理性的文化批判精神的话。

多元文化时代的中国社会和中国德育的必然选择只能是：积极拥抱

多元文化时代而不是被迫生活在这样一个机遇与挑战并存的历史阶段。因此，保持中国文化与德育的主体性，批判性评价和吸收外来文化的营养，并向其他文化贡献中华民族的价值与教育智慧等都是十分必要的。但是，批判、吸收、创造的前提都是——打开窗户看世界。我们特别需要认真比较、分析、取舍外部世界的相关思想与信息，以便以比较开阔的胸怀和视野真正独立自主地去解决我们面临的现实德育问题。因此，作为一套力图全面介绍当代国外德育理论，尤其是发达国家中为国际学术界公认的、有较高研究与应用价值的德育理论著作的翻译作品系列，"当代德育理论译丛"的正式面世，应当说是正当其时的。

<h1 style="text-align:center">（二）</h1>

基于多元文化时代德育使命的分析，我们对于"当代德育理论译丛"的意义或者严肃性有充分的认识。

为了保证品质，本"译丛"将遵循从严和开放两项基本原则开展工作。所谓"从严"，首先是指入选的著作一定是经过本领域专家认真甄别并确认为一流水平的研究成果，其次是指我们将在翻译、出版的各个环节尽最大努力保证每一本译著的质量。而"开放"的意思是：本"译丛"不仅在国别上向美、英以外的国家开放，争取更广泛的国际视野，而且意味着一个适当开放但仍然严谨的"德育"概念——对作品的选择将以道德教育为主，但是适当延伸到公民教育（Citizenship Education）、品德心理研究等相关领域。

我们深信，"当代德育理论译丛"出版的现实意义（学术价值、社会效益）将是巨大的。中华民族是一个礼仪之邦，有重视德育的优良文化传统，所以中国德育一方面现实问题很多，另一方面深切关心的人也很多。从政府到民间，许多有识之士都非常关心德育实效的提高，都在积极找寻有借鉴价值的"他山之石"。在学术层面，中国本土德育理论创新更是急需与世界各国，尤其是发达国家德育理论的最新研究成果及时地和认真地对话，并获得有益的启示。所以更多可供学习、借鉴的国外德育理论著作的翻译出版，无疑将会对中国社会文明与学校德育的进步产生积极的影响。因此，作为主编，本人要在这里真诚地向对本"译丛"出版作出重要贡献的相关人士致敬和致谢。他们是——

在筛选和确定第一批备选书目方面给予热心帮助的 Alan Lockwood 教授（University of Wisconsin-Madison）、Nel Noddings 教授（Stanford University）、Elliot Turiel 教授（University of California-Berkeley）、Larry Nucci 教授（University of Illinois-Chicago）、Marvin Berkowitz 教授（University of Missouri-St. Louis）、James S. Leming 教授（Saginaw Valley State University）、Merry Merryfield 教授（Ohio State University）、Fred Newmann 教授（University of Wisconsin-Madison）等所有美国同行，和为本"译丛"提供同样帮助的伦敦大学教育学院（Institute of Education）的 Graham Haydon 博士、Hugh Starkey 博士，以及其他国外和国内的专家。

踊跃承担"译丛"的翻译，并且认真负责地完成各自任务的译者及进行认真审校，确保翻译质量的各位同仁。

热心支持本"译丛"出版的教育科学出版社领导和为"译丛"出版付出了许多心血的编辑朋友。

桃李不言，下自成蹊。也许本"译丛"出版的意义言说和由衷感谢的话实际上都没有特别的必要。最后我们所能说的也许只能是：衷心希望通过不懈努力，本"译丛"能够成为多元文化时代中国德育学术研究中一道最亮丽的风景。

檀传宝

**July 26, 2006**

**Room 202, 15 Woburn Square**

**IOE, London**

# 中文版序

　　本书的目的在书中应该已经向读者说清楚了。在开始时，我要向大家再说明一点：在美国，人格教育有不同的含义。尽管很多州要求学校进行人格教育，但是并没有给学校指定具体的人格教育实践范本，学校自己有权决定采用哪种形式的人格教育。

　　还应该澄清一点：多数学校人格教育实践都是在学校教育的初级阶段进行的。高中仍然重视学术科目，越来越看重学生在学术课程的标准化考试中的成绩。

　　在美国，人格教育的未来尚不明确。

艾伦·洛克伍德

# 目 录

# 致　谢

　　非常感谢同仁黛安娜·赫斯（Diana Hess）教授和詹姆斯·莱明（James Leming）教授对本书的宝贵评价。我的妻子朱迪思·卡塞蒂（Juddith Cassetty）博士，也为本书做了大量的编辑工作。

　　最后，忝列劳伦斯·科尔伯格（Lawrence Kohlberg）晚年的学生和朋友，我深感荣幸。他对此领域的贡献以及对我的思想的影响是难以估量的。

# 前　言

　　本书论证了发展性人格教育的理论与实践。一般说来，人格教育包括所有由学校发起的，为提高儿童与青少年以价值观为基础的行为和思想素质而设计的教育项目。我以为，当前的人格教育理念没有系统地将发展性视角纳入课程与教学建议中去。读者将会看到，尽管我讨论的问题是当代的，但本书中所论及的社会科学与哲学的学术前提，都有很好的历史积淀。

　　在是否应该以及如何进行价值观教育的问题上，教育者们往往莫衷一是；然而，在学校教育不是，不应该是，更不能是价值无涉的这一点上，大家却是殊途同归，意见一致。我们确实希望我们的青年人能成为社会建设的积极成员。当然，好公民不只是有智力成绩就可以的。很多情况下，好公民要礼貌待人，维护他人的尊严（Leming，2001）。但是，如果公民没有支撑这些的价值观，这个目标就不可能实现。对此，美国前总统罗斯福的话被广为引用，他说："只培养一个人的心智而不培养他的道德，就是给社会培养危害者。"（Lickona，1991，p.3）本书详细论述了一种对完成提升良好公民素质的使命非常重要的价值观教育理念。

　　在本书中，我解释了什么是当代人格教育，指出了我认为的人格教育理论与实践的优点，也列出了对当代人格教育的有力批评。最后，我论证了，如果当代人格教育对这些主要批评作出适当的回应，就会发现其中有很多可以使人格教育得以极大改进的方式。其中，我也断言，人格教育者接受发展性视角，是至关重要的。我的观点是，通过建设性地采用发展性视角，为课堂与教学提出指导性建议，既是与时代要求相适应的，又是对人格教育取得普遍的成功非常重要的。

首先，我们要澄清一些概念，定义其内涵。人格教育是价值观教育的一种形式（我会在本书第 1 章中给人格教育下更完整的定义）。价值观教育是一个筐，各种各样的课程与教学的实践做法都可以往里装。虽然这些课程与教学实践各不相同，但其相似点在于都以某种形式与价值观直接相关，其中最负盛名的两种实践是价值澄清与道德认知①发展教育。对此，我会在后面的章节详细论述。然而，对于价值观一词，并没有正式的共识性的定义。我把价值观定义为：判断一件事、一个人或者一种行为的价值时所使用的标准。

显性价值观教育与隐性价值观教育截然不同。隐性价值观教育是指学校——在一定程度上是通过学校这一组织形式——向学生传递一些甚至并不是学校正式课程内容的信念。隐性价值观教育通常被看作由菲利普·杰克逊（Philip Jackson，1990）提出的"隐性课程"的组成部分。例如，学校生活中学生与成人的角色地位的差异，反映了——也可能是教给了学生——社会所期待人们扮演的不同角色。

显性价值观教育指一些公开而直接地涉及价值观问题的课程。显性价值观教育意味着涉及价值观问题的是正式课程，而非隐性课程的组成部分。在本书中，我将只讨论显性价值观教育。

显性价值观教育形式多样，不一而足。在课程中存在的显性价值观教育内容方面，你可以发现诸如灌输、道德发展、价值分析、价值澄清

---

① 原文是 cognitive-moral，考虑到中译文的习惯，译作道德认知，下同。——译者注

及行动学习等诸多教育方式（Superka，Ahrens，& Hedstorm，1976）。

灌输是指要求学生认可并践行课程中设定的特定的价值观和行为的教育方式。由教师或者课程来确定希望学生拥有的价值观念和行为，然后通过教师宣讲、榜样示范、阅读包含相应道德观的故事等方式，努力让学生认可这些价值观和行为。

道德发展是指让学生参与道德问题的讨论，以使其形成更复杂、更合理、更成熟的道德观念。典型的做法是，学生读一些真实的或者虚构的道德故事，其中的主人公要作出道德对错的判断。在讨论中，教师引导学生对主人公的决定作出评判，并要求其给出评判的理据。

价值观分析是教学生一些社会科学方法，并用这些方法进行价值观问题的分析。学生们学习如何建立假设，收集和鉴别证据，并试着对所考察的价值观问题作出初步的结论。比如，学生们可以思考第二次世界大战中是否应该使用原子弹的问题，"原子弹的使用是否缩短了战争的时间"就是与他们思考这个问题相关的一个假设。学生要找出支持这个问题的各种答案的证据，认真考虑哪个答案的证据最多、最有力。

价值澄清是让学生参加一个价值评估过程，以让他们选出自己认为重要的价值观。这样的教学活动鼓励学生思考什么对他们来说是有价值的，学生通过这种方法学到的是自己——而不是课程或教师——认为重要的东西。比如，他们可以选出一些自己喜欢的电视节目，反思这些电视节目怎样反映了他们认为有价值的东西。

行动学习是让学生确定自己在公共价值观问题上的立场，教他们如何影响自己社区的公共政策。例如，为防止发生交通事故和伤害，学生们可能想到要为其所在城市的某些危险角落设立交通信号灯。在他们努力推动相关部门去制定此项政策的过程中，他们便能了解到，谁来作这些决定，以及这些决定是如何作出的。了解到这些后，他们就可以作好准备，并向相关权威部门提交他们的方案。

# 价值观教育的历史回眸

　　价值观教育并不是一个新近的课程现象。从殖民时期开始，它就已经以这种或那种形式，成为了美国正规学校教育的一部分。尽管我对那些研究调查早期价值观教育的历史学家并不太了解，但我知道，价值观教育当然是美国土著居民①、早期西班牙和法国开拓者以及移民的教育实践的组成部分。在这里，我将对价值观教育在学校教育中的角色作一简单的历史回顾，这样读者就会清楚，价值观教育并不是在当代学校教育中才风行的时尚。斯马古林斯基和塔克赛尔（Smagorinsky & Taxel, 2005）曾对美国价值观及学校教育的历史作过更为详细的论述。

　　殖民时期，显性价值观教育是与某种形式的新教宗教教育紧密结合在一起的。那时的语法课教材采用渗透着宗教教义的《新英格兰识字课本》（New England Primer）。比如，可能大家都很熟悉，在学字母表时，让学生背这样的警句：A，"随着亚当的堕落，我们都犯下了罪过"（A, "In ADAM's Fall, We sinned all."）。

　　新教教义与学校价值观教育的结合一直延续到了19世纪。马萨诸塞的霍勒斯·曼（Horace Mann）——美国公立教育的有力支持者，坚信公立学校中学生应该读圣经。那个世纪曾销售几百万册的《新英格兰识字课本》、《麦加菲识字课本》（McGuffey's Reader）的课文中，都渗透着道德教育的内容。

　　到19世纪末，在价值观教育中渗透新教教义的势头才有所收敛。随着大量非新教移民来到美国，并在东北部迅猛发展的工业化大生产中找到工作，美国早期宗教的相对同一性状况发生了巨大的变化。大量的天主教徒和犹太移民希望在学校教育中传播自己的宗教观念，这些观

---

　　① 指印第安人。——译者注

念，常常与当时占垄断地位的新教教义存在冲突。价值观的冲突也常常会演变成暴力冲突，如 1844 年费城发生的暴力事件，就是由于天主教徒反对在公立学校中只采用新教圣经引起的。在某种程度上，当时天主教私立学校的发展，也是对这一问题的一种回应。类似地，在公立教育与宗教价值观教育的联系日趋松懈的同时，睦邻会社运动（settlement house movement），后来的基督教青年会（YMCA）、基督教女青年会（YWCA），以及类似的犹太组织，也都在努力寻求培育自己价值观的可能。

20 世纪早期广泛实行的世俗价值观教育模式，就被称为人格教育。笼统地说，人格教育旨在使青少年接受并践行诸如诚实、爱国主义、礼貌等与民主的好公民及良好的职业道德相联系，而与宗教教义和传统观念相对立的价值观。这时的人格教育运动，与日益增长的外来移民的美国化运动（将外来移民纳入美国文化与民主体系）是一致的。然而，随着时间的推移，风行一时的显性人格教育实践在学校教育中日渐衰落，原因还有待考证。但是，当时许多人格教育的目的与实践，已经融入公立学校和教会学校的常规课程中。

20 世纪 60 年代，价值观教育运动卷土重来，声势浩大，备受推崇。价值澄清（Raths, Harmin, & Simon, 1966）是当时应用最广、最出名的价值观教育方式，本书第 1 章中将有详细论述。在这种方式中，教师通过价值评估过程教育学生。教师不是教某些价值观，努力将这些价值观灌输给学生，而是促进每个学生对价值观进行探索。学生个人通过认真设计的价值澄清过程所形成的价值观念，会帮助他们克服自我伤害和反社会的不良行为与想法，增进其心理幸福。

20 世纪 60 年代出现的另一种形式的价值观教育，是建立在劳伦斯·科尔伯格（Lawrence Kohlberg）的发展心理学基础上的，被称为价值观教育的道德发展方式（Kohlberg, 1970）。科尔伯格的研究表明，人在成熟过程中会经历不同的道德推理发展阶段。他认为，在哲学意义上，道德推理的最高阶段比较低阶段更高级，因为最高阶段的道德推理建立在道德原则基础上，关注他人的权利与幸福。较低的第二阶段的道德推理是自我中心的：满足个人愿望的就是正确的；在哲学意义上，较低的第三阶段的道德推理是不完善的，因为它唯一的基础，是未经省察的习俗和传统。

而且，研究表明，并非所有人都能自然发展到最高阶段。科尔伯格发现，大多数成人的道德推理仅仅处于他所谓的习俗性推理水平，而不是最高阶段的原则性推理水平。令人鼓舞的是，研究表明，参与系统的两难故事讨论的学生，与没有参与的学生相比，更为全面，也更为迅速地实现了道德推理阶段的发展。道德发展方式的实质（本书第1章中对此有详细论述），是让学生参与课程内容或学校生活中存在的道德问题的讨论。科尔伯格希望，他的这种价值观教育形式可以培养从原则性立场出发来处理道德问题的公民。

到20世纪末，价值观澄清与道德发展方式都成了明日黄花。人格教育再次兴起，取而代之成为学校教育中占主导地位的价值观教育理论。我将此时的人格教育称为当代人格教育，以区别于20世纪①早期的人格教育运动。

当代人格教育的倡导者对各类报告中年轻人对自我和社会破坏行为的高发率感到震惊。他们认为，此类行为是人格低劣导致的恶果。人的价值观表明其人格。人格教育的倡导者认为，人格低劣者，秉持不良价值观，行为不端；人格高尚者，秉持优良价值观，行为检点。当代人格教育的总目标，是使年轻人受到恰当的价值观教育，举止得体（Lickona, 1991）。

如上所述，这种或那种形式的价值观教育一直是美国正规教育的一

---

① 依据教育史的相关资料，这里应该是20世纪，原文误写为19世纪，已经与作者进行过核对。——译者注

部分。这些价值观教育目标各不相同。宗教形式价值观教育的目标是培养和巩固某个宗教的核心教义；第一轮人格教育的目标是让学生接受并践行某套特定的世俗价值观；价值澄清的目标是提高年轻人的心理幸福感；道德发展的目标是促进学生道德推理质量与复杂性的提升；还有，新近的当代人格教育的目标是减少年轻人的破坏性行为。

## 对好的价值观教育的需要

上述对美国几个世纪以来各种形式的价值观教育历史的回顾，应该不会影响我们对当代迫切需要价值观教育的重视。在本质上，教育是一项承载着重要道德基础的价值负载事业。对此，彼得斯（R. S. Peters, 1967）在其经典著作中有过很好的阐述。如他所言，教育"意味着一些有价值的东西，已经或者正在以道德上认可的方式有目的地传承下去。如果说一个人受过教育，但他却没有（在道德上）变得更好，这在逻辑上是自相矛盾的"（p. 3）。

不管教育者是否希望承认或接受，他们都在从事价值观教育。对我们的社会和年轻人来说，重要的是，学校教育中应该有最合理的、经过充分研究的价值观教育。

学校不只专事学术养成、技术训练和能力培养，它也在帮助年轻人形成对自己和社会有价值的行为方式方面发挥着重要作用。教育者和公众越来越认可需要有效的价值观教育。伊拉姆、罗斯和盖洛普（Elam, Rose, & Gallup, 1993）总结了盖洛普民意测验中公众对学校教育态度的结果："1975 年，79%的公众喜欢公立学校中与道德及道德行为有关的教学；1976 年的调查中，67%的受访者认为公立学校应该"分担父母'对孩子道德行为的责任'。"（p. 145）在 2004 年公民教育中心（Center for Civic Education）所作的民意测验中，75%的被调查者说学校应该树立"培养学生积极人格"的目标（p. 5）。显然，公众对学校教育的人格教育目标是支持的。

主要由里考纳、温和瑞安（Lickona，Wynne，& Ryan）领导的当代人格教育运动有很多重要的优点。其一，它强调学校教育对年轻人行为和价值观方面施与积极影响的重要性。这种观念经常被提及，也被学校员工、国家主要教育组织和公共政策制定者中的一些人所接受。

当代人格教育的另一个明显的优点，是其倡导者深入孩子和教师的学校生活之中，他们不是游离于学校教育现实之外的理论者。他们深入学校，其著述中有丰富的、为他们所认可的价值观教育的课堂教学案例。

尽管当代人格教育概念清晰，方式直接，与学校生活的紧密衔接令人心生敬意，但也有许多对这种价值观教育方式的质疑和批评。我的目标是，以我认为会对这种价值观教育形式产生重要而积极影响的方式，汲取合理批评，融合人格教育的理论与实践，提出一种人格教育的设想。

本书意在证明一种非常合理的价值观教育方式。如读者会看到的，这需要对其论证过程、理论基础和研究结果进行认真的省察。这绝非易事，而是一项复杂的劳动，但却劳有所值，非常重要。

# 内 容 概 览

在本书接下来的部分，我认真地审视了当代人格教育，评价了这种价值观教育方式的优点和缺点，对其理论与实践提出了实质性的修正与补充建议。必须重申，本书的主旨是论证发展性人格教育，而不是综合评述最近的文献。我只是在适当的地方引用这些文献，以使论证更加清晰。

第1章，我给出了当代人格教育的定义。大量的教育项目和材料都以人格教育为幌子，但它们之间千差万别，常常相互矛盾，这就是当前价值观教育的概貌。在这一章中，通过对当代人格教育主要倡导者著述的分析，我得出了当代人格教育的定义，以说明它是什么，不是什么。这个定义会为想要设立人格教育项目和购买相关课程资料的学校领导者提供帮助，也会为欲意对人格教育效果进行评估的项目评估者提供帮助，它对批评分析人格教育理论和实践的合理性也是非常重要的。

第2章，对当代人格教育进行了批判性分析。对当代人格教育的批评如下。

1. 基于错误的学习心理学知识，过于强调奖励和惩罚的作用。

2. 认为不良行为是不良价值观带来的结果，从而忽视了影响行为的社会和经济力量。

3. 其行为直接源于价值观的假设缺乏研究支撑。

4. 在提出实践建议时，人格教育倡导者忽视了青少年和儿童之间的差异。

5. 存在将价值观决定简单化为对错问题的倾向，基本没有认识到好的价值观之间也会存在明显冲突的复杂情境。

6. 将人格教育的实施等同于政治、社会和经济状况的提升。

第3章，讨论人格教育应该如何对这些批评作出回应。我认为当代人格教育倡导者们应该认真对待这些批评，并遵循学术研究现有概念的逻辑，对其进行认真检视。这是一种负责任的做法。然而，这不意味着将所有批评等量齐观。比如，有些批评可能由于过于理论化或者意识形态化而不会对实践产生明确或者重要的影响。在这一章中，基于逻辑依据和科学依据，我深入思考了这些批评，找出了那些值得现在和将来进一步思考的问题。

对人格教育最常见的批评是其倡议者没有认真对待少年儿童和比他们大的青少年之间的发展性差异。在第4章，我考察了由心理学家提出的两种著名的发展理论，以阐明这些发展理论怎样为完善和加强当代人格教育提供引导。这里，主要探讨埃里克·埃里克森（Erick Erikson）和劳伦斯·科尔伯格的发展心理学，它们对在校学生的发展性差异进行了深入探讨。我的分析旨在核定这些发展理论的特点如何卓有成效地影响人格教育的理论和实践。

第5章，重点阐述发展性人格教育主张的主要特点。我的论证包括凝练人格教育的定义和详细阐述发展性人格教育的目标。第5章也论述了我所倡导的人格教育方式的主要原则，以及它如何处理对当代人格教育的诸多批评。

第6章，展示并分析了发展性人格教育实践的实例。尽管发展性人格教育没有"正式"课程和教学，但依然有一些与其目标和基本原理相吻合的实践。千万不要把本书和本章看作是对人格教育课程的充分阐释。我的目的是，当学校领导和课程开发者在决定自己赞同的、想采用的人格教育方式或者是进行人格教育方式的设计时，能以此为参考框架。

后记是发展性人格教育论证的结束语，重申了笔者的希望：发展观可以为年轻人和社会的人格教育提供深远的理论支撑，并以此作结。

# 1. 什么是当代人格教育

很难为当代人格教育下一个定义。即使粗略地一瞥，也能发现市面上成堆的人格教育课程材料五花八门，形式各异。举个例子，我想起几年前参加人格教育会议的情形：当我从一个会议室走到另一个会议室，看到会议报告中异常多样的话题和实践都宣称是人格教育时，我被惊得目瞪口呆。这一领域仿佛感染了后现代主义病毒，人格教育成为任人言说，人言人殊的一个概念。

人格教育是一个空洞的标签吗？希望不是。现在，政府和一些基金会在支持人格教育的项目设计和应用；有些组织在致力于促进人格教育的发展；有关于人格教育的会议；有关于人格教育的书籍和文章；还有一本名为《人格教育研究》（*Journal of Research in Character Education*）的杂志。人格教育一定是确有所指的，否则，它怎么会得到资助，付诸实践，进行研究和开展讨论呢？

读者可能会指责我在扎一个稻草人，提一个假问题。毕竟，既然有关于人格教育的文章、会议、组织、政府资助和教育项目，那就一定有一个大家都认可的含义。有人可能会这样想。不幸的是，事实并非如此。为了说明这一点，我鼓励大家上网搜索一下"人格教育"，你马上就会看到多得惊人的与人格教育有关的材料和组织。尽管当代人格教育的定义晦暗不明，但是，正如我要说的，其重要特征还是可描述的。

## 给当代人格教育下一个定义

要给当代人格教育下定义，考察其主要倡导者的著述是一个有用的方法（我用"当代"一词，以将其与 20 世纪早期的人格教育运动区别开来）。这些倡导者并没有提出一个大家认可的、确定的人格教育定义，但我相信，可以从他们的论证及其认可的策略中推断出一个人格教育定义来。

虽然有很多倡导者对人格教育有过著述，但大家公认，以下三位是当代人格教育运动的主要领导者：纽约州立大学科特兰分校（SUNY‐Cortland）的托马斯·里考纳（Thomas Lickona），波士顿大学的凯文·瑞安（Kevin Ryan），以及后来伊利诺伊大学芝加哥分校的爱德华·温（Edward Wynne）。我将主要通过对他们三人著述的详细研究，给出人格教育的操作性定义。首先，我会陈述他们认为的人格教育的主要目的和论据，简言之，也就是其基本理论；其次，我将描述他们认可的这些理论在教育中的应用状况；再次，把他们为当代人格教育实践提出的建议与另外两种价值观教育方式进行比较；最后，在这些说明和分析后，我会提出一个人格教育的定义，这个定义会足够大，大到足以涵盖当前的各类人格教育的实践活动，同时又足够小，小到可以让我们知道人格教育是什么，不是什么。

**当代人格教育的目的**

用最简单的话说，人格教育的倡导者希望他们的项目可以增进年轻人的积极伦理行为，减少或消除有害于社会和个体的行为。当然也有一些附带目的，但其核心目的就是为了养成年轻人的良好行为。

在《为人格而教育》（*Educating for Character*）一书的开篇，里考纳（Lickona，1991）就指出了我们社会道德滑坡的种种迹象，聚焦于让人沮丧的年轻人行为不良的统计数据。他描述了令人不安的年轻人的谋杀率和故意破坏公共财物行为的统计数据；举证了广泛存在的偷盗和欺骗行为；指出了种族歧视、恃强凌弱和蔑视权威的趋势；强调了诸如吸毒、酗酒等自我毁灭行为，以及青少年中的自杀倾向。

里考纳（Lickona，2004）总结了人格教育的必要性："人格教育运动的前提是，每天发生在我们身边的让人恐慌的行为——暴力、贪婪、腐败、粗俗、吸毒、不道德性行为和职业道德低下——所存在的共同的核心问题是完美人格的缺乏。"（p. xxiii）这并非是里考纳及人格教育追随者的一家之言，哈特和卡洛（Hart & Carlo，2005）的报告称，在要求对青少年进行描述时，接近75%的成人用了"道德缺失"这样的形容词。

爱德华·温教授将这些消极行为倾向看作是美国年轻人心灵严重失序的明证。他与自己的同事雅克·本宁格（Jacques Benninga）一起，回应里考纳对年轻人行为问题的关切。在他们看来，需要用人格教育来减少年轻人杀人、非婚生育和其他各种伤害性行为。他们支持对年轻人进行人格教育，因为"我们希望他们停止自杀、自虐以及各种史无前例的类似事件"（Benninga & Wynne，1998，pp. 493 – 440）。

温和凯文·瑞安（Wynne & Ryan，1997）也提出了类似的理由。"如我们所见，各种测验数据表明，美国年轻人的行为已经出现了大量的、长期的滑坡。"（p. 7）他们接着引用了与里考纳的数据类似的关于年轻人行为不端的统计数字，作为需要进行人格教育的证据。

威廉 J. 贝内特（William J. Bennet，1993），美国前教育部部长，是人格教育的长期支持者。部分地是为了支持人格教育的主张，他坚持出版一本统计手册，用以记录日益严峻的社会和道德滑坡情况。他还提供了许多未成年人暴力犯罪以及青少年怀孕、自杀和吸毒的数据。

如上所述，对设想中的年轻人中存在的社会问题的抱怨表明，人格教育的支持者希望他们的教育项目和策略减少或消除这些破坏性行为。这是人格教育的主要倡导者最常提及的目的。

## 对完美人格（good character）的假定需求

当然，并非只有人格教育的支持者关注个人和社会的破坏性行为。所有有思想的成年人都为此深感忧虑。只是，人格教育倡导者处理这些行为的主张是不同的。

人格教育的这些倡导者认为，这些社会问题是年轻人人格低劣的结果。人格教育的支持者很少谈及这些行为出现的社会、政治和经济背景。一些对人格教育的批判就是针对这一点的："人格教育运动对道德滑坡的基本解释是心理学视角的，认为问题根源于个性膨胀和自我中心，而非社会、经济和文化制度。"（Purpel，1997，p. 150）

人格教育的支持者并非不知道这些行为发生的背景，只是很少提及而已。在他们看来，不良行为是人格低劣导致的结果，"这些行为的根源应该是与人格相关的"（Wynne，1989，p. 24）。在当代人格教育者看来，现有社会问题的根源在人，通过人格教育达成人的改造是解决这些问题的方法。"我们慢慢明白，我们社会的道德问题，在很大程度上，反映的是人的问题。"（Lickona，1991，p. 49）在倡导者看来，当年轻人日渐养成了完美人格时，自然会有积极行为。

在人格教育倡导者看来，完美人格与好的价值观是密切交织在一起的，好的价值观不是与生俱来的，而是必须通过学习才能获得的。

在一个健康的社会里，诸如家庭和学校等主要社会机构把这些价值观传递给年轻人。如果社会出现道德衰败（据说我们社会就是这样），那么基本上是社会机构没能有效传递好的道德价值观所导致的后果。温（Wynne，1985/1986）将这种价值观传递看作"伟大的传统"，而且认为，为了保持自己的文化，所有社会都要以适当的方式做这件事。（pp. 4 - 9）。

在温看来，伟大的传统重视教年轻人诸如说真话、尊敬父母这些恰当的行为。教育的重点是行为，而不只是教一些劝诫性的道德观念。这些人格教育的传统也建议要不断加强社会认可的、适宜的道德行为，这是所有社会机构的共同责任。除强化外，按照温的说法，伟大的传统也谋求通过惩罚和其他消极制裁来压制错误行为。

这些价值观的传递和践行，是基于人格教育倡导者所认为的广泛的道德共识。这一假定的道德共识为这些价值观的灌输提供了必不可少的正当理由，即社会在什么是好价值观问题上存在广泛共识，因此，把这些价值观灌输给年轻人是合理的。据称，这些价值观对促进健康的个性、和谐的人际关系以及良好的社会秩序和正义的建立都是很重要的。

里考纳（Lickona，1991）指出了两种基本的道德价值观：尊重和责任。尊重表明对自身和他人价值的关切；责任包含积极参与有价值的行动以及形成诸如可靠、履行责任和践行承诺等个性品质。很多基本上源于这两者的其他的价值观，包括诚实、公平、容忍、互助、热情、勇气和自律，也应该列入我们期待的系列价值观之内。还有一些蕴涵在民主概念中的价值观，包括机会均等、程序正当和法制健全……由于它们对我们的民主来说至关重要，也应该直接教授。

在里考纳（Lickona，1991）看来，完美人格并不只是持有或赞同特定的道德价值观，它包括三个主要成分：道德认知、道德感受和道德行为。要而言之，有完美人格的人知道善是什么，欣赏善，并将善念付诸实践。

### 人格教育的方式

至此，我们看到，人格教育的支持者试图通过他们的教育项目消除年轻人的破坏性行为。他们认为促进年轻人完美人格的形成，是消除这些行为的最好方式。一般说来，拥有完美人格的人持有可贵的价值观，并会基于这些价值观行事。

现在我们来了解一下人格教育的方式。什么样的教育实践能最有效地向年轻人灌输价值观，并确保这些价值观在适当的行为中得以清楚展示呢？

如果说人格教育的倡导者在人格教育的目标及完美人格的含义上尚且意见一致的话，那么在促进完美人格形成的方式和方法上，他们却存在更多的分歧。温和瑞安钟情于说教性教学，把奖励和惩罚当作他们的首选做法。里考纳好像更灵活些。

温和瑞安（Wynne & Ryan, 1997）为学校推荐了一个宽泛的教育实践活动单。他们强调，学校应该明确设立、发布、强化有关课堂内外可接受与不可接受行为的严格条例。成年人要扮演起道德权威的角色，经常告诉学生什么是好的行为，当学生表现出好的行为时给予奖励，否则就给予惩罚。

温和瑞安喜欢让学生践行一些简单而直接的道德行为，如友爱新同学，捡拾走廊上的垃圾，在学习或者其他活动中帮助同学，积极参加学校的各种仪式，如效忠美国宣誓。他们强调，学校应该举行一些仪式或者典礼，以表彰和奖励行为表现良好的学生。

了解一下温和瑞安所反对的一些做法，有助于我们理解他们所推崇的在人格教育方式上的立场。比如，他们反对通过人格教育运动帮助学生培养良好的自尊。他们认为，这种做法极有可能促成学生的自我中心。温和瑞安觉得，健康的自尊应该来源于学生知道自己一直很勤奋、向上、好好学习。自尊是这些行为的结果，而非目标本身。他们也质疑合作学习的有关教育实践活动，以及营造学校民主生活的各种努力。在他们看来，合作学习削弱了成人的适当权威，赋予了学生过多的权力。

尽管里考纳赞同温和瑞安的许多建议，但他赞成的教育实践方式更加广泛。例如，他号召教师做关心他人和良好行为的榜样，激励教师教育学生相互尊重，建议创造一个民主的课堂，以使学生将教室变成更好的学习环境，鼓励合作学习，支持促进道德反思的教育实践。

我在其他文章中（Lockwood，1993）指出过，里考纳（Lickona，1991）的建议好像存在内在矛盾。比如，一方面，他是禁绝未婚年轻人婚前性行为的公开而有力的支持者；另一方面，他也提倡鼓励学生公开讨论，自主决定的价值观教育策略。他在某些问题上持完全禁止的态度，与他对鼓励个人决策的教育实践的支持好像是不一致的。

现在还没有一套被人格教育倡导者正式认可的教学实践和课程资源。因为人格教育包括各种各样的教学实践，所以在给人格教育下定义时，我们不能说它就是指某个特定的课程和教学活动。但是，这并不是说，任何教育实践都可以称作人格教育，就像我在前面提到的人格教育会议上出现的情况那样。事实上，可能有许多教育实践与当代人格教育是一致的，但人格教育并非是一堆毫无边际、没有限度、无所不包的大杂烩。

行文至此，在对人格教育定义的追问中，我给出了人格教育目的的大致框架和倡导者关于完美人格构成的看法。这些都是支持者所赞同的内容。我们也可以通过考察倡导者所反对的价值观教育模式，加深我们对当代人格教育的理解。

**人格教育与价值澄清**

价值澄清（Values Clarification）是价值观教育的一种方式，它于1966 年由拉斯思、哈明和西蒙首次提出（请注意字母大写，这是为了区分一般的价值澄清与拉斯思的价值澄清方式）。许多课程中都包括学生的价值澄清，但拉斯思的价值澄清是一种特殊的方式。多年来，相关研究者已经出版和发表了许多研究价值澄清的著作和论文，在很多随后出版的书中包括了一些易被教师纳入课程安排的日常课程计划，这使得价值澄清在国内外被广泛采用。尽管它很流行，然而就像我们会看到的，许多学者和人格教育的倡导者都严厉地拒斥这种方式。

在一定程度上，价值澄清的基本理论看起来与人格教育的基本理论很相像。价值澄清的创立者也提供了一份青年人的问题清单，诸如年轻人的冷漠和过于各持己见（overdissention），缺乏有效用的价值观。

> 我们在想，可能是现代生活的快节奏和复杂性增加了决定诸如什么是善，什么是对，什么是值得的，什么又是值得拥有的等问题的难度，以至于很多孩子对决定什么是值得珍惜的，什么是值得付出时间和精力的等问题越来越困惑，甚至深陷其中，难以自拔。（Raths，Harmin，& Simon，1966，p. 7）

但与当代人格教育者不同，价值澄清的支持者明确认为，是社会状况加大了年轻人树立价值观的难度。他们提到宗教作用在多数人生活中消失，提到对政治领袖的不信任，提到离婚率和破碎的家庭，提到来自媒体的、将年轻人挟裹其中的、多变而消极的价值观信息。

价值澄清的支持者认为价值观困惑会导致一些消极后果，包括有些年轻人变得"冷漠、轻浮、摇摆不定或反复无常，或者成为流浪者、唯命是从者、过于偏激者，或者沉迷于角色游戏者"（Raths，Harmin，& Simon，1966，p. 7，楷体为原文中的强调）。虽然当代人格教育比价值澄清出现得晚些，但是除了它们都没有考虑拥有不恰当的价值观所产生的影响之外，两者的基本原理似乎也有更多相似之处。

简言之，人格教育和价值澄清的倡导者都认为年轻人中存在各种行为问题，而且这些问题都是由缺乏恰当的价值观所致。因而，价值观教育者的任务是使年轻人形成恰当的价值观。在最后一点上，当代人格教育和价值澄清分道扬镳。

人格教育提出了年轻人必须持有的某些特定的价值观，价值澄清则没有。相反，价值澄清旨在教学生们形成他们自己的价值观的过程。当学生得出自己的结论和确定自己的价值观时，消极行为可能随之消失，人们变得"积极、进取、热情和自尊"（Raths，Harmin，& Simon，1966，p. 12）。

价值澄清中使学生价值观逐渐明晰的过程，源于其倡导者对价值观构成要素的定义。他们指出，如果按他们自己对价值观的严格定义，人们显然不会有太多价值观。学生们的内在态度、兴趣、感受等诸如此类的东西都被称作价值观显示器（value indicator）。根据定义，这些价值观显示器只有在满足构成"真正的"（true）价值观的七项标准时，才成为价值观。在价值澄清模式中，真正的价值观必须是：

1. 被自由选出的；
2. 从各种备选项中选出的；
3. 慎重考虑每一种选择的结果后作出的选择；
4. 被看作最有价值的和被珍视的；
5. 公开表明的；
6. 付诸行动的；
7. 被反复践行的。（Raths，Harmin，& Simon，1966，p. 30）

本质上，价值观获得过程包括了评估一个人的信念和行为是否符合所有这七项标准。在课堂上，教师使用的各种教学方法被称为价值观形成策略，这些策略要求学生认真思考他们的想法和行为，以考查它们是否达到了真正的价值观的水平，而不只是价值观显示器。

这些策略可能会涉及七项标准中的一项或者多项。比如，结果搜寻策略要学生们列出解决问题的一些不同选择，然后，运用头脑风暴法讨论每一种选择的可能后果。最后，他们要思考，从结果的角度而言，哪种是最佳选择（Simon, Howe, & Kirschenbaum, 1972）。

显然，价值澄清是为了使学生能够深入思考自己及自己的经验，以确定他们珍视的是什么。教师的任务是促进反思和讨论，不是维护或者灌输给学生应有的具体价值观。教师主导课堂，但在课堂中，他或她只是培育和宽容各种不同的观点，不对各种观点作判断，尊重所有学生对讨论的贡献。教师还要创造一种课堂氛围，在这种氛围中，学生们互相尊重，不会就价值观选择的孰优孰劣而发生争执。最为理想的是，学生能学会相互间进行澄清回应。

我在前文中曾提到，当代人格教育的倡导者和其他一些人，对价值澄清这一价值观教育方式的有效性基本持保留意见。主要原因在于，其倡导者强调价值中立，这好像会使伦理相对主义成为其潜在的道德观。

在价值观课堂教学策略上，价值澄清不区分道德价值观与非道德（nonmoral）价值观［请注意，"非道德"这个词不是"不道德"（immoral）的意思，这一区别很重要］。我们对各种事情、行为和政策，都有自己的偏好（价值观）。当我们的偏好涉及他人的基本权利和幸福时，我们称之为道德价值观；当我们的偏好涉及诸如娱乐、食物、时尚等时，我们称之为非道德价值观。我们希望所有道德价值观的决定都是认真的、深思熟虑的，都有可靠的正当理由，因为它们将会影响基本的人权。另一方面，我们对广泛的非道德价值观选择比较宽容，与道德决定相比，我们不太关注这些决定是怎么作出的。在如何作非道德决定方面，不涉及重大的人类利益。如果一个人喜欢法国菜而不是泰国菜，这是个人观点，可以听其所愿，我们当然不会称这种选择不道德或者道德。但当谈到一个人关于死刑的观点时，我们会对其作道德与否的区分，因为这是性命攸关的事。

价值澄清策略之一的价值观表决（values voting），说明了价值澄清为何无法区分非道德与道德价值观。在这种策略中，要求学生表明自己对说谎和死刑这样的道德价值观问题，以及自己喜欢的除臭剂和业余爱好等非道德价值观问题的观点（Simon，Howe，& Kirschenbaum，1972）。混淆价值观类型会让人认为，我们应该以同样的方式对死刑和除臭剂问题作决定。

因为价值澄清认为，同样的作价值观决定的过程应该既适用于道德价值观问题，也适用于非道德价值观问题，所以不区分道德价值观与非道德价值观，这是价值澄清的一个重大问题。"选择、赞赏、行动"这一过程，被用于作影响人类生命的决定，同时，也被用于作选择想看哪一种类型的电影这样的决定，这是没道理的。前者要求慎重考虑，而后者，从道德观点的角度看，相对来说是微不足道的。

价值澄清倡导者所提出的七步过程，意在帮助个人确定他们个人的价值观。学生的选择不需要有除这七个标准之外的任何正当理由，这导致了对价值澄清可能会促进伦理相对主义的批判（Lockwood，1975）。简言之，伦理相对主义的主旨是，某个道德价值观决定不能表明它比其他决定更好。人格教育的倡议者和其他价值澄清的批评者都拒斥伦理相对主义，因为这会导致人们相信：他们作出的任何道德选择，无论是亲社会或反社会的，都是合理的，因为无法证明这种选择肯定是错误的。对他们来说，反对伦理相对主义就相当于反对价值澄清。

关于伦理相对主义，里考纳坚定地认为：

> 这种观点没有把握道德的基本真谛。世界上*存在着*基于理性的，不是相对的，而是具有客观价值的道德价值观：尊重生命，自由，每个个体的内在价值，相互关心的责任，以及履行我们基本的义务。（p. 230，楷体为原文中的强调）

### 人格教育与道德发展

在探寻当代人格教育操作性定义的过程中，我列出了倡导者所认可的各种课程教育实践的特点，而后比较了人格教育与价值澄清，阐述了众所周知的、被人格教育支持者反对的价值观教育项目的特点，现在我来比较一下人格教育与价值观教育的道德发展方式。

价值观教育的道德发展方式源于科尔伯格及其同事的研究。科尔伯格是发展心理学家，他的研究受让·皮亚杰（Jean Piaget，1965）对年轻人道德思维研究的启发。皮亚杰认为，随着年轻人不断走向成熟，其道德思维也随之发生重大变化，以阶段的方式向前发展。皮亚杰确定了两个主要的道德发展阶段：道德他律和道德自律。科尔伯格比皮亚杰更深入地考察了道德思维的发展规律。

科尔伯格的开创性研究是一个纵向研究。他用一系列的配图道德两难故事进行访谈，开展研究。在这些道德两难故事中，主人公要作一个重要的道德选择。比如著名的海因兹（Heinz）两难故事中，海因兹的妻子得了癌症，快要死了。镇上有个药剂师有一种药可能挽救他妻子的生命，但是他要价非常高，海因兹买不起。药剂师拒绝降价卖药，而海因兹也无法筹到足够的钱。一天晚上，海因兹闯进药店，偷了药。在科尔伯格的访谈设计中，每个被试要回答海因兹做得对还是错，然后解释一下自己作此决定的理由。

科尔伯格发现被试的归因随年龄而发生实质性的变化。比如，年龄小的被试可能会更加关注海因兹如果被抓住会受到的伤害。在他们看来，重要的是他能否逃脱犯罪的惩罚。年轻的成人被试，更关注药剂师的财产权与海因兹妻子生命权的关系以及反对偷盗的法律规定。在年龄较大的被试看来，重要的是平衡情境中存在冲突的道德权利。

科尔伯格把这些道德推理阶段的变化称为道德发展。实际上他用被试在道德两难故事访谈中所用的道德哲学给各个阶段命名。科尔伯格

（Kohlberg，1970）开创性地提出道德推理有六个阶段。在本书的后面，我会详细阐释科尔伯格的道德发展心理学。但是，这里，我们的主要兴趣在于在其研究基础上衍生出的价值观教育项目，这样，我们就可以考察人格教育倡导者对它的看法。

据科尔伯格的研究，并非所有人的道德推理都会发展到最高阶段。大多数成人的道德推理主要处于第三阶段和第四阶段。科尔伯格和他的同事对这个研究结果感到很沮丧，因为科尔伯格一直认为最高阶段所代表的道德推理形式，在哲学意义上优于前面几个阶段（Kohlberg，1971）。他认为，从道德观点看，如果人们能在最高阶段上进行道德推理，这是最好的。许多人怀疑教育干预是否能够促进道德发展，或者人的最终道德发展水平是否受制于外在影响。

科尔伯格的学生默什·布拉特（Moshe Blatt）认为，在教学中引导学生系统地讨论道德两难故事，比不讨论能更快地促进学生的道德发展。在默什的研究中，与对照组相比，实验组在道德推理上有统计学意义上的显著进步（Blatt & Kohlberg，1971）。虽然代表道德推理的分值增长较小，但这种增长一直持续到实验结束。这些研究结果使得了解科尔伯格研究的课程开发者，提倡和设计突出学生道德两难故事或者问题讨论的教学项目，并期待这样的价值观教育方式能够促进学生的道德推理发展进入更高的阶段。

和对价值澄清的态度一样，人格教育的主要倡导者拒绝将道德发展方式用于价值观教育。他们对科尔伯格教学实践的反对，主要基于这样一个事实：道德发展教育者不进行具体的价值观或道德行为的灌输，而是让学生深入讨论道德问题。而人格教育的支持者明确希望教师们在直接传授主要道德价值观中要扮演主导角色（Wynne & Ryan，1997）。

# 当代人格教育的定义

在解释了当代著名人格教育倡导者的信念，了解了他们所反对的实践后，我们离当代人格教育的定义又近了一步。可以看出，人格教育倡议者们认同以下观念。

1. 当代人格教育的核心目标是促进年轻人的积极行为，减少或消除对个人和社会的破坏性行为。
2. 良好行为是有恰当价值观的结果。低劣的行为是有错误价值观，或者也许是完全没有价值观指导的结果。
3. 有恰当的价值观并践行这些价值观的人拥有完美人格。
4. 反对伦理相对主义的道德观。道德是有正确与错误之分的。
5. 促进完美人格的教学实践活动有很多种，概括说来，包括坚持某些价值观的直接教学和如何践行这些价值观的榜样示范。

据我分析，一个教育项目必须具备人格教育主要倡导者明确提出的以上五点，才可以确切地称为人格教育。如果不具备这些特点，那它就是别的什么，可能是很好的教育项目，但不是人格教育。因而，我对人格教育的定义如下：

> 人格教育是指任何由学校发起的，通过明确教授可以直接导致良好行为的、非相对主义的价值观，以直接系统地养成年轻人良好行为的教育项目。（Lockwood，1997，p. 179）

这一对人格教育定义的推演过程，有助于我们很好地理解当代人格教育理论和实践的主要特征。在本书的后面部分，当我提到人格教育时，就是指这个定义。

　　下一章，我将会考察对当代人格教育的各种批评。从某种意义上说，一些合理的批评有助于丰富我们对当代人格教育的理解，更为重要的是，可以帮我们形成人格教育理论与实践的更充分的理论依据。

# 2. 对当代人格教育的批评

在第 1 章，我给当代人格教育下了操作性定义，本章，我将阐述对人格教育的主要批评。因为本书的目的是完善和阐释人格教育理念，以使得重要的教育目标能在更大程度上实现。因而，理解人格教育理论与实践的所谓不足之处，是很重要的。在这一章，我把对人格教育的批评分为两大类：对基本理论的批评和对支撑此理论及其所推荐的教育实践活动的心理学假设的批评。在第 3 章，我会评价这些批评的合理性。我认为，人格教育课程的倡导者有责任从自己的角度对合理的批评作出回应。因此，我会就人格教育如何回应这些合理的批评提出自己的建议。

## 基 本 理 论

总结一下前一章对当代人格教育的描述：人格教育的倡导者对年轻

人中出现的高频率的破坏性行为深感慨惜，他们引用了一些统计数据，表明这些不良行为或者是出现的比率很高，或者是处于增长态势。倡导者的主要观点是这些行为是年轻人人格低劣的直接结果。为了减少或者消除这些破坏性行为，学校必须促进年轻人完美人格的养成。

在人格教育的倡导者看来，完美人格意味着持有好的价值观，意识到这些价值观的价值，并践行这些价值观（Lickona，1991）。他们还认为，这些应该养成的价值观反映了一种社会和历史共识，即什么是对人民和社会而言的善。他们的好价值观清单中包括尊重、诚实、责任、礼貌、忠诚和服从权威。

要直接教授年轻人那些构成完美人格的价值观。当代人格教育的倡导者认为，负责任的成人知道什么价值观是好的。人格教育不要让学生讨论什么是好的价值观，主要议题是怎样将这些价值观植入学生的意识和行为模式中。"总体上说，关键在于学校是，应该是，而且必须是一种内在灌输性质的。唯一有意义的问题是：公开灌输还是秘密灌输？要向孩子们灌输什么？"（Wynne，1985/1986，p. 9）

# 人 性 观

有一些批评者，比如科恩（Kohn，1997），反对他们理解的当代人格教育倡导者的消极人性观，他们认为这是基督教教义中原罪说的翻版。温（Wynne，1985/1986）谈到传递所谓社会价值观的"伟大传统"时，最清楚地表明了这一点："传统对人的完满性持悲观态度"（p.7）。从哲学上看，这种观点与17世纪英国哲学家托马斯·霍布斯（Thomas Hobbes）的观点一致，他建议建立强大的政府来控制人类粗俗、反社会、自私的天性。这种观点在儿童身上的应用，在威廉·戈尔丁（William Golding）1954年的经典作品《蝇王》里有戏剧性的刻画。

或多或少，或隐或显，大多数当代人格教育的倡导者好像都持此观点（Kohn，1997）。但这绝不意味着人格教育家害怕或者不喜欢孩子。他们会说，关键是为了自己及他人的幸福，必须直接教年轻人珍视什么以及如何控制自己。据说，这是为了年轻人及社会的最大利益。

当代人格教育者们不相信孩子自己能学会如何控制自己的冲动。他们主张必须用特殊方式安排孩子们的学习环境，通过直接教学向孩子们灌输可以产生恰当行为的价值观。

> 对行为的指导可以在很大程度上影响学习者的内在状态。强调这一影响的理论可以称为"复杂行为主义"或者是社会学习理论：系统地——但也是半遮半掩地调动环境中的所有力量来形成恰当的行为。（Wynne，1997，p. 65）

在批评者看来，对可能由年轻人的人格不良导致的社会失序的关切，使得当代人格教育的倡导者们支持维护社会稳定的政治保守主义目的。人格教育的倡导者把社会失序与人格缺陷联系在一起，没有认真考虑社会、经济和政治环境对导致不良行为产生的影响。

当代人格教育话语的特点，招致批评者指责他们没有认真考虑社会、政治、经济正义这些重大问题。

> 在这样的话语中隐含着这样一种假设，即我们的社会问题主要不应归因于我们社会、经济和政治体制的失败，而应归因于个人的态度与行为。（Purpel，1997，p. 140）

最糟糕的是，人格教育倡导者好像看不到可能导致社会失序的普遍的、常常是制度性的不平等和不正义，不认真考虑广泛的、不断扩大的收入和财富分配差距。在他们的社会图景中，我们无法看到由贫困造成的无穷无尽的、难以消除的（stultifying）的影响，长期存在的种族主义和性别主义影响好像也远离了我们。

这并不是说个人可以对自己的行为不负责任。问题是当代人格教育低估了社会、经济和政治状况对行为的影响，极少提到具体情境对行为的影响（Purpel，1997）。在当代人格教育的倡导者看来，年轻人的完美人格是稳定的、充满希望的正义社会的关键，而良好行为得以实现的关键是培养年轻人适当的价值观。

有趣的是，在这一点上，当代人格教育的批评者中没人提出如下观点：年轻人的破坏性行为是心理失序的结果，而不是由生活环境艰难或者人格低劣所致。因为在对人格教育的争论中并没有出现这一观点，我在这里也不详细展开。但是，要注意的是，著名的问题行为有效矫治策略的研究者认为："促进孩子们社会、情感、行为和认知发展，已经开始被看作预防问题行为本身的关键。"（Catalano，2004，p.100）

## 价 值 观

对当代人格教育基本理论的批评之一（Lockwood，1985/1986）是：他们显然认为，在什么价值观是有价值的这一点上达成社会/历史的共识，是件很容易的事情。温（Wynne，1985/1986）对这一假想的伟大历史共识坚信不疑，并称之为"伟大传统"。

当然，道德哲学确实有着丰富的传统，但是否伟大就仁者见仁，智者见智了。然而，它显然不是一个以共识为基础的传统。相反，西方道德哲学充斥着深刻的分歧。柏拉图和亚里士多德的观点相同吗？康德和穆勒的观点一致吗？目的论者（着眼于行为结果决定其道德价值的那些人）、义务论者（着眼于行为本质决定其道德价值的那些人）和相对主义者（不相信存在道德真谛的那些人）观点相同吗？毫无疑问，答案是"不"——

只有刻意选择性地读西方哲学史的人，才会认为在道德本质问题或者在协议性法定行为规范上存在着历史性共识。（Lockwood，1985/1986，pp. 9 – 10）

对当代人格教育的另一批评路线，关注当代人格教育的哲学理念，即价值观问题在生活情境中是如何呈现出来的。在此我应该指出，这类批评不涉及价值观如何对人们的行为发挥作用这样的问题，因而那些心理学假设我会放在下一部分讲。

对当代人格教育倡导者哲学价值观的基本批评是：其哲学观过于简单。如我们多次看到的，人格教育的核心教育任务是使年轻人养成适当的价值观，以为这就会导致负责任的行为。事实上，在哲学和心理学意义上，明确价值观如何影响行为这一问题远比这要复杂得多。

人格教育倡导者不讨论在一般或具体情况下某种价值观的意义问题，他们更愿意提出令人肃然起敬的价值观清单，列的都是表面上看很值得赞扬和没有争议的价值观。虽然价值观清单的内容会略有不同，但是通常都能看到这样一些价值观，比如诚实、正直、尊敬、忠诚、服从、礼貌、勤勉、责任、勇敢和热情。

大多数人可能都同意清单上的价值观看上去很好，很有价值。谁会反对诚实和礼貌呢？然而，当要更精确地确定这些价值观的含义时，就会出现分歧。一般来说，人格教育的倡导者并不让学生认真思考具体价值观的含义，也不让他们详细讲述自己关于这些价值观含义的看法。这是一个理论上的重大漏洞，因为如果不理解某种价值观的含义，就很难知道在我们所面临的情境中，这种价值观是否非常重要，是否需要做出某种价值观行为。

比如，诚实这种价值观，它是什么意思呢？一种普遍公认的解读是，诚实意味着说实话。但是，这并没有告诉我们说什么实话，或者在什么情境中说实话是正确的或好的，又或者在什么情况下我们有说实话的义务。在感情上我们要说实话吗？在我们自己的看法和观点上要说实话吗？我们个人的历史呢？我们未来的计划呢？同样的，我们是自然地在几乎所有情况下都说实话呢，还是只在一些特殊的情况下，或者只有在直接号召我们说实话时才说实话呢？这些问题的合理答案可能需要调查分析才能得出。然而，关键是多数人格教育的倡导者既不赞同与学生讨论这些问题，他们自己也不去论证这些问题。

简单地认可或赞同某种价值观，也许会掩盖所谓价值观的等级或维度的问题。价值观不像数字，不是具体、稳定的东西。在简单运算中，数字 2 就是数字 2。就算它有一些量的变化，也可以数字化地具体表达为 $2\frac{1}{4}$ 或者 $2\frac{1}{2}$ 等。价值观的等级当然不可能这么精确地表达，说一个半诚实是毫无意义的。但是，我们可以敏感地问：我们必须要达到何种程度的诚实才能表达诚实的价值观呢？可以想象，诚实可能会达到一个说实话的极端程度，以至于让有些人自然地觉得是不礼貌或者是让人讨厌的自恋。

可以想象，价值观表达中存在着过度与不及的情况。比如忠诚，暂且不论对谁忠诚的问题，我们总是把盲目忠诚和奴性服从看作忠诚价值观的有问题的［如果不是官能性紊乱的（dysfunctional）］表现形式。或者，另一方面，朝秦暮楚与利益联盟（fair-weather alligence）都是我们所不齿的其他形式的忠诚。再举一个例子，勤奋和努力工作是多数人格教育倡导者普遍标榜的价值观，在什么情况下，令人钦佩的勤奋会变成官能性紊乱的"工作狂"呢？所有价值观都存在"度"的问题。

重申一下，简单赞同某个价值观并不能解决价值观的内涵这一重要问题。内涵问题不仅是哲学家要思考的问题，也是我们在决定某个价值观应该如何在生活中应用时必须要做的事之一。因此，它是树立完美人格的重要组成部分。批评者一致认为，当代人格教育者一般都回避和学生讨论价值观的含义这个问题。如果他们充分理解了价值观的本质，就不会这样了。

某个价值观的含义并不是一成不变的，只有通过讨论和分析，通过价值观所在的具体情境，才能弄清它在那个情境中的含义。在当代人格教育倡导者关于价值观的看法中还有一个悬而未决的问题，即确定在价值攸关的情境中如何行动这一问题的性质。

正如我们看到的，像在海因兹两难故事中那样，在好的价值观发生冲突的情况下，决定哪种行为是正确的并不是一件简单的事情。即使情境中只涉及一种主要的价值观，也同样如此。想象一下下面这个有点极端的设想：一个入不敷出的人家，父亲经营一个水果摊。有一天，他让自己 12 岁的女儿去照看水果摊，以确保在他带她生病的妈妈去看病的时候，没人偷水果。在女儿照料生意时，几个警官来了，要白拿几个苹果。在这种情况下，即使人格教育者教过她服从合法权威，她也无所适从：她是应该服从她的父亲还是法律上的长官？简单地遵守服从这一价值观不能解决她的两难问题（Lockwood，1993）。

哲学家和社会学家早就提出，我们无法明确断定一个赞同非常抽象的价值观命题的人在具体情境中会采取什么行动。默达尔（Myrdal，1944）的经典研究为此提供了完美的解释。这个问题并不是只能用假想的例子来说明，如那个水果摊的故事。比如，那些支持人工流产权利的人声称这样做是为了珍爱生命，反对者也声称是为了珍爱生命。显然，赞同珍爱生命的价值观并不会让人们在是否应该流产问题上达成共识。

在价值观发生冲突时，根据价值观决定正确行为这一思路的问题会显得特别尖锐。这一点，在前面提到的海因兹两难故事中很容易得到证实，这个虚构的故事源于《悲惨世界》中的人物冉阿让（Valjean）的遭遇，由科尔伯格改编（Reimer，Paolitto，& Hersh，1983）。重述一下：故事发生在一个虚构的欧洲国家，海因兹的妻子得了癌症，生命垂危。城里的一个药剂师有一种药，也许可以挽救她的生命。但药剂师订的药价远远高于海因兹的承受能力，尽管海因兹一再恳求，药剂师却拒不降价。海因兹无法从朋友那里和其他渠道筹集到足够的钱。一天晚上，他闯进药店，偷了药。这个两难故事说明了常常被大家认可的好的价值观是如何在困境中发生冲突的。海因兹故事中包括了对诸如财产权、遵守法律和珍爱生命这些价值观的考量。每一种价值观，就其本身而言，一般都被认为是有价值的，但是在具体情境中会出现价值冲突和模棱两可的结果。

这些虚构的故事可以说明价值冲突是如何发生的，是怎样不容易得到解决的。当然，真实生活中也充满了道德冲突问题。这些问题可能是很平凡的：比如，当有人问我是否喜欢某个人的新发型，而我不喜欢时，我是应该诚实地说不喜欢呢，还是应该礼貌地撒谎呢？这些问题也可能是一些公共政策问题：比如公共安全是应该靠毫无法律依据地无限期羁押恐怖分子嫌疑犯来维持呢，还是这些恐怖分子嫌疑犯也应该享有正当法律程序的权利呢？当然，这些价值冲突不只是当代特有的现象，有证据表明，历史上也存在大量此类两难问题（Lockwood & Harris, 1985）。

无须资料证明，历史上和生活中交织着大量的价值观冲突问题；毫无疑问，读者能够想象到其数量之大。这里，我们要考察人格教育是如何处理这些价值观问题的。

当代人格教育倡导者并没有在自己的理论中详细阐述上述与价值观有关的哲学问题，也没有意识到让学生严肃地讨论这些问题的重要性，一些倡导者甚至完全拒绝所有这类问题的讨论。

> 认为孩子们能像有行为能力的成人（effective adult）那样对他们要掌握的信念和价值观给予客观评价，这是荒唐的。做这些评价基本上是父母和其他有关成人的责任。（Wynne, 1985/1986, pp. 8, 9）

到目前为止，批评者在审视人格教育倡导者的价值观理论中发现，这些倡导者没有对一些重要问题给予应有的关注，如价值观定义问题，确定明显与所持价值观相伴生的行为的复杂性问题。他们还有一个关于价值观看法的难题，即这些倡导者没有阐明，甚至显然没有认识到，在对价值观是如何运用于生活情境这一问题的解释上，道德原则所起的重要作用。正如我们会看到的，如果没有道德原则，基于价值观的生活实际上可能会包含不道德的行为或者义务。

举个例子，以说明价值观可能支持道德上有问题的或者有异议的行为。请想一想下面的情形：长期以来，美国流行文化一直迷恋有组织犯罪活动的主题。家庭影院公司（HBO，Home Box Office）推出的系列片《女高音歌手》（"Sopranos"）曾获得很高的评价，最近的《教父传奇》（*Godfather saga*，包括小说和电影）也非常受欢迎。出于论证的需要，让我们想象一下这些影片中较为精确地刻画的有组织犯罪亚文化群体的生活情形。

在这些有组织犯罪团伙的生活中，价值观问题是如何呈现的呢？前面，我曾指出了许多人格教育价值观清单上有代表性的价值观，其中包括尊重、礼貌、服从、忠诚、诚实、勤勉和勇气。现在我们来看，难道这些犯罪团伙的成员不是被期待着去尊重、以礼相待、服从和忠诚于他们的老板吗？他们在酬金或其他相互间的债务问题上不够诚实吗？他们在遇到这些问题时不讲真话吗？在实施犯罪时不够勤奋和勇敢吗？他们当然是诚实的、勤奋的、勇敢的。他们被期待着去践行这些价值观，否则，会受到严厉的惩罚甚至被杀死。

我认为，有组织的犯罪团伙所赞同的价值观，有许多是与人格教育倡导者所列价值观清单中的价值观相同的，这并非只是一个虚构的猜测。2007 年 11 月 9 日，福克斯新闻网报道了一位被捕的意大利黑手党头目曾对其犯罪集团成员发布"十诫"，列出了他们的权利、责任和义务。

这一分析当然也适用于其他犯罪和反社会集团，比如有组织的城市街头犯罪团伙。类似的，我想这也适于国家或国际恐怖主义组织及许多其他不良组织团伙。人格教育者的价值观并不只是负责任的民主公民所独有的。

恰当的道德原则即是生产行为的直接价值观，如康德的道德命令，人格教育的倡导者却误以为，仅仅拥有某些具体的价值观，相应的行为就会直接和自动地流淌而出。比如"己所不欲，勿施于人"这条原则，如果以不良团体的价值观为基础，就会蜕变为由价值观指导的不道德实践。仅有价值观（对产生恰当的道德行为而言）是不够的。必须清楚，接受某些如上所述的价值观，并不必然导致亲社会和非破坏性行为，也可能会导致相反的结果。

当代人格教育的倡导者好像认为人们在价值观词语的内涵上存在共识。我们已经看到并非如此。有意思的是，缺乏对这些问题的认真思考将他们导向了某种形式的哲学相对主义——他们自己坚决而明确地加以反对的立场！我将简要地告诉大家这是怎么回事。

在缺乏道德原则指引的情况下，价值观会导致各种截然不同的行为。在有组织犯罪或者美国国内、国际恐怖组织的道德/文化情境中，价值观可能支持或导致与当代人格教育倡导者的期待相对立的行为。因而，价值观本身所包含或者隐含的行为是相对而言的，相对于个人所认同的社会团体，或者社会团体中的主流道德观。

我不知道为什么当代人格教育的倡导者没有对由价值观、道德原则和社会情境引发的问题给予更认真的分析和解释。我猜他们可能受了某种怀旧观念的影响，这种观念设想：在古老、美好、宁静的岁月中，存在着他们想象的道德共识和社会风尚。

当代人格教育的倡导者并没有告诉我们，为什么应该接受他们的价值观定义和行为源于价值观的结论。他们只是简单地宣称其为道德事实。但是，宣称并不等于理由正当。为什么他们对于勇敢和勤奋的看法优于恐怖分子对勇敢和勤奋的看法呢？除非在仅仅是宣称或者是大多数人的传统之外，他们还有其他理由，否则他们也就成了自己激烈反对的相对主义者。他们不考虑，或者不回答为什么他们赋予这些价值观的社会意义就应该优于这些价值观的其他社会意义。

就像其他价值观教育形式一样，当代人格教育的倡导者应该对自己所宣扬的价值观内涵，以及哪些行为是与这些价值观内涵相一致的，都给予合理的正当性解释。如果有人问为什么他们关于价值观和行为的主张是正确的，由于缺少对道德原则的思考，他们一定会说出些靠不住的理由，如："嗯，这是我们伟大的传统处理这一问题常用的方式"；"我们社会的大多数人都认可这种方式"；"我们是为你着想"；"我们是过来人，我们知道什么是正确的"。

在提出恰当的价值观过程中，当代人格教育的倡导者没有详细论证道德原则的重要性及其作用，这大大损害了当代人格教育的基本理论，对人格教育的诸多主要批评皆源于此。比如，由于没有令人满意的价值观的原则性理由，当代人格教育遭到"武断"、"相对主义"、"粉饰现状"或者"哗众取宠"的批评，这些批评也算"言"副其实。

概言之，对当代人格教育倡导者价值观的批评主要有以下几点，即他们：

1. 臆想了存在价值观共识的哲学传统；

2. 没有充分论证价值观的内涵；

3. 没有意识到存在价值观和行为关系的争论；

4. 没有论证具体价值观内涵的"度"的问题；

5. 没有充分意识到价值观之间可能存在冲突的情况，很难有总是正确的行为；

6. 没有审察、讨论、详细解释道德原则在引导过有价值的美好生活中的核心作用。

# 心理学假设

前一部分思考了当代人格教育倡导者在讨论价值观问题中存在的哲学问题，这一部分，我将梳理对其心理学假设的有关批评。这些假设分为两类：（1）价值观如何影响行为的假设；（2）怎样最好地教价值观的假设。

首先澄清一下，我不是要形成或者阐述一个被普遍认可的、基于研究的、令人信服的价值观和行为之间的清晰关系。不这样做的原因有很多，主要原因是这样的一种关系还没有确立起来。在这一点上，对当代人格教育倡导者的主要批评是，他们设想存在这样的关系，并且这种关系简单而直接。

据目前我们所知，当代人格教育倡导者对价值观的关注点是，他们认为价值观会带来好的行为。

> 人格由起作用的价值观构成，价值观蕴涵在行动中。（Lickona，1991，p. 51，楷体为原文中的强调）

> 根据我们的定义，"人格"包括发出道德行为，说出道德语言，或者克制某些行为和语言。（Wynne & Walberg，1985/1986，p. 15）

> 道德行为是底线。（Ryan，1989，p. 9，楷体为原文中的强调）

对于上述观点我不再赘述。然而，我将向读者说明，价值观和行为之间的所谓联系，远非那样简单和直接。为了说明这一点，我将对一些经典研究作一简要回顾，这些研究尚没有被新近的研究所超越和质疑。

具有讽刺意味的是，证明人格教育对行为没有影响的第一个主要研究，居然是支持人格教育的研究者所作的。在 20 世纪 20 年代早期，休·哈茨霍恩教授和马克·梅（Hugh Hartshorne & Mark May，1928）合作设计、开展了一项大规模的 5 年研究，1 万多名在校生是他们研究的被试。

哈茨霍恩和梅的研究成果中被引用最多的是：没有找到可以表明存在稳定的人格特征的证据，或者没有关于人格教育项目有确定效果的证据。

> 关于人格本质的主要研究结果是：不能将孩子分为诚实的和不诚实的两类。研究发现，在一种情境中表现诚实，并不一定意味着在其他情况下也会诚实。换言之，我们发现，人格是在某种情境中特有的表现。（Leming，1997，p. 34）

新近的研究也发现了行为随情境变化而变化的问题。比如，研究发现，人们在自己一个人时，比与一群人在一起时更可能去帮助别人；人们在地铁站里比在机场航站楼里更可能帮助别人（Macauly & Berkowitz，1970）。

著名的米尔格朗（Milgram）关于服从权威的实验研究，也证明了情境对行为的影响。在他的实验中，研究人员让被试相信，被试自己正在对视线之外的另一间屋子里的一个"受害人"实施强度逐步增加的电击。身穿白大褂的实验者，被当成科学权威的象征，甚至在受害人哀求停止电击继而失去声息后，还命令被试继续实施电击。在这种情况下大概 $\frac{2}{3}$ 的被试会继续实施电击，直到机器上显示出设定电击的最大值。

在其他实验里，米尔格朗让这些"受害人"离被试更近一些，甚至到达他们可以身体接触的范围内。距离的拉近导致更多被试无视实验者的命令，拒绝继续实施电击。米尔格朗（Milgram，1965）得出结论："在特定情境下，与其说他原本是这种人，不如说是他所处的这种情境决定了他的行为。"（p.72）

我引用这些经典的研究，是要说明一个人的行为在某种程度上，或者在某些方面是与他/她意识到自己所处的情境有关的。我们并不确切地知道这些情境性的因素是如何发挥作用的，但我们确实知道它们对行为产生影响。

上面引用的有关行为的情境性变化的研究，没有针对确定被试所持有的价值观而开展系统研究。也许，了解一个人对外宣称的价值观能更好地预测一个人的行为。在接下来的段落，我将向大家介绍一些经典研究，这些研究试图发现说出来的价值观信念与行为之间的关系。

在20世纪30年代早期，社会学家理查德 T. 拉皮埃尔（Richard T. LaPiere，1970）带着一对在国外出生的中国夫妇一起环游美国。调查和其他的研究表明，当时这个国家弥漫着严重的反华情绪。拉皮埃尔预料，他们在住旅馆和在饭店就餐时可能会被拒绝。但是让他惊讶的是，在他们251次寻求旅馆和餐饮服务的实例中，只被拒绝了一次。

旅行结束后，拉皮埃尔给每个他们曾造访的地方发了调查问卷，问卷问到经理是否会为中国人提供服务。90%多的人回答他们不会给中国客户提供服务！很难想象，关于公开宣称的价值观信念与实际行为之间的差异，还会有比这更有力的证明。

科尔伯格（Kohlberg，1969）对许多研究——证实了哈茨霍恩和梅的基本研究结论：在口头上诚实表白与实际的欺骗行为之间不存在相关性——作出了评述："六项研究表明，高中生或大学生口头上所说的诚实的价值或欺骗的坏处，与实验情境中他们的实际诚实行为之间不存在正相关。"（p.394）

在人们所表白的普遍价值观和他们支持的行为之间也没有什么联系。比如，韦斯泰（Westie，1965）发现，他的被试中有98%的人同意

"在美国的每个人都应该享有平等的发展机会"，但是，只有60%的人说他们愿意由黑人主管自己的工作。当被问及他们是否同意"我信奉人人皆兄弟的道德原则"这种说法时，94%的人表示同意，然而，只有29%的人说他们愿意邀请非洲裔美国人到自己家里共进晚餐。

在一个比较研究中，普罗斯罗和格里格（Prothro & Grigg，1960）也发现了类似的表白与行为之间的差异。对一些政治价值观命题存在高水平（94%—98%）的赞同，如公务人员应该由多数民众选出，每个公民应该有平等的机会影响政府政策，以及少数人拥有批评多数人决策的自由。但是，46%的人认为不应该让合法选举的共产党员就职，63%的人认为应该禁止反宗教演说。

约瑟夫森伦理研究所（Josephson institute of ethics）——一个重要的人格教育倡导团体——就价值观和行为问题进行了青少年的问卷调查。在其2006年的研究中，大部分学生在欺骗问题上赞同一般的价值观立场。比如，98%的人赞同"诚实和信任在人际关系中非常重要"，97%的人认为别人的信任很重要，还有83%的人赞成"撒谎和欺骗是不值得的，因为这有损于你的人格"（Josephson，2006）。

尽管他们公开表明自己反对欺骗和撒谎，崇尚信任的重要性，还是有82%的学生承认他们曾对父母撒谎，28%的学生承认在商店偷过东西，还有60%的学生承认曾在考试中作弊（Josephson，2006）。

这些研究和其他一些研究使得大多数社会科学家得出如下结论：人的价值观与行为之间的关系，甚至他的各种价值观之间的关系，是没有规律的、前后矛盾的和难以预测的。这并不意味着它们之间没有关系。然而，它们之间没有简单、直接的联系，这是很清楚的。批评者认为，某种程度上，当代人格教育倡导者对这种直接关系的宣扬或者暗示，误导了他们的听众，也许还有他们自己（Lockwood，1993）。

现在我来概述一下对一些当代人格教育倡导者提出的价值观学习心理学的批评。他们在这个问题上的看法值得深究，因为如果他们的价值观学习心理学有瑕疵的话，源于此的教学方法也会存在问题。

在考察其学习心理学的假设前，我想花一点时间讲一个前提性问题：在接受任何正式的人格教育之前，孩子们有什么样的价值观呢？这是个合理的问题，我们不应该假设孩子们在接受某种正式的价值观教育前是没有任何价值观的，因为他们可能从家庭、媒体、他们的宗教和朋友们那里学到什么是有价值的。

我们有理由认为，孩子们和青少年会公开赞同与人格教育项目中提出的价值观一样的价值观。克罗斯（Cross，1997）曾对85名处于市中心的公立教育学区的小学生、初中生、高中生进行过访谈。在访谈中，她问他们好人和坏人是什么样子的。学生的回答如下：

> 好人是有爱心的、关心人的、顺从的、诚实的、慷慨的、值得尊敬的、善良的、和蔼的、乐于助人的、友好的和遵守纪律的……另一方面，坏人伤害和杀害他人、酗酒、失控、不值得尊敬、偷盗、撒谎、吸毒、破坏公共财物、拉帮结伙和抢劫。（p. 121）

这些学生关于好人与坏人价值观的抽象概念，同人格教育者关于完美人格与低劣人格价值观的概念高度相关。

我无意从克罗斯的研究发现中作过多的推论。但是，我认为，设想年轻人在某种程度上认同由人格教育拥护者提出的价值观是合理的。这并不奇怪，因为总体说来，这些价值观是美国（如果不是世界）主流文化的价值观。我们要通过人格教育把这变成什么呢？

当代人格教育的拥护者闭口不提学生已经，从广义上来说，接受了人格教育的核心价值观这一问题。但是，我要替他们说出来，因为我认为他们会承认：这些被年轻人口头上接受的价值观反映了他们对什么是好的和有价值的这一问题的表面化的理解。人格教育必须加深年轻人对这些价值观的理解和承诺，并教导他们如何根据这些价值观的指导来行动。

现在，让我们回到中心问题：当代人格教育推荐给我们使用什么样的教学方法。这个看起来简单的问题尚没有确切的答案。当代人格教育的文献中呈现了许多包括课堂话语（classroom discourse）的教学案例。其中，教师可能会宣讲教义或对学生提出忠告。学生们可能会讨论一些含有价值观的故事，谈论如何践行这些价值观，或者这些价值观是什么意思。一些学校设置了美德周或者美德月，比如，"诚实"可能被指定为美德月或者美德周的主题美德，然后教师将在不同的情境中谈论诚实，也可能会围绕"诚实"召开学校晨会。

墨菲（Murphy，2002）描述了一些人格教育项目，布鲁克斯和卡恩（Brooks & Kann，1963）也描述了各种人格教育项目。最近，里考纳和戴维森（Lickona & Davidson，2005）描述了在高中开展的人格教育项目。我所读到的人格教育项目的教学方式主要是一些课堂讨论，并没有以任何明确而具体的学习心理学作为依据。

缺乏明显的学习心理学依据并不应该被认为是对当代人格教育的批评，因为学校里大多数的课程和教学方法都不是直接来源于任何一种具体的学习心理学理论的。这是否是学校教育的不足之处仍有待讨论。关键是，人格教育项目并非唯一的缺乏明确的学习心理学依据的教育项目。

但是，如果说有被当代人格教育倡导者认可的"正式"的学习理论的话，那就是行为主义。当代人格教育版的行为主义强调奖励与惩罚、表扬和批评在形成优良的价值观和行为中的核心地位。对此，温作了最清楚的阐述（Wynne，1985/1986）。有效地促进完美人格养成的学校会系统地运用奖励和惩罚措施。他们"想方设法为学生提供——个人的和集体的——对各种良好行为的承认形式"，而且，他们"通过清晰明确的、无处不在的，同时又以生动活泼的方式实施的，以意义约束为支撑的纪律符号，致力于维持学生的纪律"（Wynne，1989，p.32）。

在《改造我们的学校》(*Reclaiming Our School*) 中，温和瑞安 (Wynne & Ryan，1997) 不吝笔墨，详细描述了奖励和惩罚措施，提出了学校可以用来奖励完美人格行为表现的一系列激励性措施，也用一整章的篇幅为惩罚策略提出了建议。

对人格教育的行为主义学习心理学版本，有多种批评。这里，我概述其中的三种：（1）必须由学校颁发的奖励是很少和有限的；（2）惩罚不是促进伦理人格成长的有效方式；（3）奖励也不是促进伦理人格成长的有效方式。

在学校教育中系统地使用奖励以塑造行为的建议的一个问题是，学校可能实施的奖励是非常少的。与惩罚相比，学校可没有满满一袋子奖励用来分发。口头表扬和让人尊敬的打分在行为塑造中只能适可而止，一旦滥用就会失效。这可能也是温和瑞安讲起纪律和惩罚连篇累牍，讲到奖励却只有寥寥数语的原因之一。

另一个难题涉及学生是否把学校的奖励看作真正有价值的东西。在一些学生眼里，得到金星和好成绩，作为学校里的好公民让自己的照片能够在橱窗里展示，在全校师生大会上被表彰，或者经常得到老师和其他成人的表扬，这些可能是很有价值的和令人满足的。但是，同样有那样一些学生，特别是青少年学生，认为这些"奖励"是丢脸和令人尴尬的，是会被同伴看不起的。比如，我们知道，同龄人的看法有很强的激励效应，同侪文化贬低学校成就，蔑视任何学校给予的荣誉。貌似矛盾的是，这些奖励可能会被当作惩罚。

对惩罚效应的研究表明，它并不能促进良好行为的发展，也许更重要的是，它也无法杜绝不良行为的发生：

> 研究资料表明，毫无疑问，惩罚只会产生事倍功半的效果。半个多世纪的研究告诉我们，当成年人采用被称为"严控的"、"强权武断的"或者仅是些极普通的惩罚等各种约束性措施时，孩子

们都会变得更加具有破坏性、攻击性，对他人或社会充满敌意。
（Kohn，1993，pp. 167 – 168）

批评者提出，惩罚的另一个问题是：年轻人从"为什么他们不应该做坏事"中学到了什么。我怀疑多数有思想的价值观教育者，包括当代人格教育的拥护者，都会希望人们学到的拒绝不道德行为的原因是这些行为会损害他人的权利和幸福——而不是如果我们这样做了会受到惩罚。

科恩（Kohn，1993）对此进行响应：

> 我们希望孩子们不要做不道德的、伤害性的事情，因为他们知道这些事情是错误的，因为他们能想象到这些行为将会对他人造成不良影响。惩罚对增进这些思虑毫无裨益；它只是教会孩子们如果他们在做不允许做的事时被发现，他们必须承担后果。不横行霸道的原因是别人会以其人之道还治其人之身，不抢银行的原因是你可能会锒铛入狱。重要的是这样做了对他们而言会发生什么结果。
> （p. 172，楷体为原文中的强调）

这种自我中心的推理和自私自利的算计，与我们认为的成熟的道德行为动机相去甚远。

对用奖励塑造行为的主要批评类似于对惩罚的批评。即学生学会了做出所提倡的行为的"原因"是为自己获得奖励，而没有任何内在的道德价值，诸如为了事情本身的原因去做好事。科恩（Kohn，1993）详述了使用奖励的其他问题。比如，任何与奖励相关的行为的变化都是短期的，当奖励停止了，行为也随之消失。奖励也使得到奖励的人受控于他人，即施与奖励的人。这就降低了受奖者最终形成自主的对错观，以及从行为的内在道德品质——而非行为给他或她带来的结果——而由衷地做出行为的可能性。

社会批评家常常抱怨美国人缺乏对社区的关切，越来越漠视别人的不幸，恪守"先为自己着想"的底线道德。在很多方面，当代人格教育倡导者就持此种观点。具有讽刺意味的是，在某种程度上，由于他们所倡导的实践强化外在的伦理动机，因而可能会助长自己所蔑视的社会问题。

公民形成了一种秘而不宣的想法：当事实上做坏事也获得奖励时，就不相信获得奖励是因为做了好事。以欺骗为例，骗人的人，大人小孩都一样，骗人是为了得到奖励。考试作弊的人是为了得高分，也许还会得到其他奖励，比如父母的礼物、学校的荣誉，或者入读理想大学的机会。成年人可能是为了金钱、运动才能和其他社会成功的符号而行骗。

在许多美国成年人看来，生活的主要奖励是拥有财富，因而，行骗可能常常是为了获得这类财富。比如，律师常常面临提高公司收益，并以此增加与别人合作机会的压力，在这种情况下，他们可能会按比其案件实际所需的更多的时间向客户收费。

卡拉汉（Callahan，2004）纪实性地描述了很多实际上在社会各部门风行的骗人把戏：医生可能会因为使用未经测试的药物而从医药公司获得巨额回扣；汽车维修连锁店可能会给各分店施加压力，通过让顾客承担不必要的或虚假的维修项目费用来增加收入；运动员可能会使用违禁药品以提高自己的成绩。

骗人的把戏有很多。从个人捏造所得税申报表到大公司涉及数十亿美元的丑闻，对人们来说，通过非法和不道德的方式谋求更多财富已经是太稀松平常的事了。在很多情况下，当事人已经不认为自己的行为有什么不对——除了可能被抓住。这些把戏仅仅是常常对某些行为给予丰厚奖励的"道德"生产系统的一个组成部分而已。

也可能，许多行骗者甚至没有想过在道德意义上他们在做什么。从某种意义上说，他们已经习惯于谋求奖励，而不是从伦理学意义上思考自己的行为。

我绝对没有让人格教育为我们社会中普遍存在的不道德行为负责的意思。我是要用这些例子说明，旨在促进完美人格的严格的行为主义在道德上的不足。我的看法是，不管是从经验的角度还是从理论的角度，对于任何合理的价值观教育项目来说，行为主义都是一种不够明智的（ill-advised）心理学。

当代人格教育倡导者还推荐了另外两种可以进行价值观灌输的方式：一种是榜样示范，通过这种方式学生可以看到践行价值观行为的重要他人；另一种是习惯养成（habituation），这是指学生应该经常练习所希望的行为，以至于这些行为在某种意义上成为他们的第二天性。批评者也对这两种形式的价值观教学提出了反对意见。

当代人格教育的倡导者常常把教师刻画成在学生生活中非常有影响力的人物，认为教师在塑造学生人格上有产生巨大影响的可能。"完美人格也要服从合法权威，而教师是学生遇到的家庭成员之外的最主要的权威。"（Wynne & Walberg，1985/1986，p. 16）

因为在学生眼里，教师拥有假定的合法性，而且，因为教师行使权力，人格教育拥护者认为他们应该成为道德行为的榜样：

> 学校生活的一种现实，是孩子们通过观察教师来发现成年人是如何行为的。但是我不是说教师必须是圣人、俗人或者其他什么。我的意思是他们应该是严肃对待道德生活的人。这就像教师应该是脑力劳动者的榜样一样，他们也应该被看作过理想的道德生活的人的榜样。（Ryan，1989，p. 10）

对榜样示范的批评远不止其有效性缺乏实验支持这一点。比如，想一想这两者之间的区别：因为学生是人、值得尊重而尊重学生，与因为教师希望学生尽力效仿这种行为而尊重他们。

在第一种情况下，教师尊重学生的行为是合理的，因为就像康德式的哲学家说的，学生自己被当作目的看待。这反映了一种不同于纯粹工具主义观点的道德观。在第二种情况下，尊重学生是为了教育学生尊重他人。这样，尊重就成了达到目的的手段。如果尊重学生不能使他们也尊重别人，那么这样对待他们就不再有合理性了（Davis，2003）。

为了凸显榜样在手段—目的的工具主义合理性上存在的问题，请考虑一下这个极端设想：研究发现，假如对学生的蔑视和不尊重触犯了他们，结果会产生一种"逆反"心理（reverse psychology）。如果饱受不尊重待遇的学生开始决定去尊重他人，以使其免受不被尊重的侮辱，那会是什么情况呢？再假设尊重他们并没有促使他们尊重别人的情况。如果这些结果被实验证实，当代人格教育理论所主张的教师应该在各方面表现出尊重并以此作为教授尊重价值观的方法，就成了无稽之谈。

教师榜样示范的另一个难题是这个假设：学生把教师看作合理的道德权威，而不只是有权力的人。可是学生们可能并不这样认为。如果学生对教师莫名其妙地"没感觉"，那他们为什么想要模仿教师的行为，甚或重视他或她的道德说教呢？我不尊重的人可以在那儿给我做榜样，直到他停止呼吸，却无法对我产生想要的影响。

这种对榜样示范的批评更多的是经验层面的而非理论层面的。可能一些教师的榜样和说教比其他人的更有效。而且，同侪取向的青少年可能不像小孩子那样关注教师传递出的道德信息。就像我指出的那样，这是一个实验研究的问题，而非哲学问题。但是，确有一些调查证明学生并不把教师看作道德权威（Lockwood，1993）。

当代人格教育倡导者常常强调习惯在养成我们所偏爱的价值观及与之相联系的行为中的作用。他们时常把亚里士多德当作这一阵营的经典哲学家。当有人问他如何教授美德时，亚里士多德认为应该通过让人们练习美德行为来教授美德（Wynne & Ryan，1997），人通过学习表现诚实才能变得诚实，通过做勇敢的事才能变得勇敢，等等。

瑞安（Ryan，1989）强调了习惯在有效人格教育中的重要作用：

> 一旦学会了，某些道德能力必须习惯化。道德行为需要反复练习，比如在很方便撒个惬意的谎时说真话，或者当保持沉默很容易的时候，坚持说出正确却不受欢迎的话。每当发生道德事件时，人不可能停下来考虑后果。道德行为必须反复练习，成为对生活情境的习惯性反应。（p.10）

对养成正确习惯的观点有很多种批评。一种是，我们怎么知道应该让学生养成什么习惯，比如诚实。我们可以同意，作为一个普遍的规则，诚实是好的。但是，当然存在一些诚实必须给其他价值观让位的情况，比如礼貌。举个例子，假设你最喜欢的阿姨问你是否喜欢她的新帽子，你觉得很难看，但是出于礼貌，你说她的帽子很是漂亮迷人。前面关于价值观和行为的讨论表明，确定与具体价值观相应的行为并不是一件简单的事情。在价值观冲突的情况下，这种判定就会变得更加复杂。

仅就此而言，习惯养成缺少充分依据。当代人格教育倡导者认为，存在可以告诉我们适用于任何情况的道德上正确的行为的"道德正确答案百科全书"吗？他们当然不会这样认为，但是他们如何决定养成什么行为习惯，对于这一问题我们依然不清楚。

虽然他们引用亚里士多德的话作为促进美德习惯养成的依据，但是他们没有讨论亚里士多德对发展理性的论证。理性虽然不是道德生活的全部，但却是其核心部分。如果要形成某些习惯的话，这应该引起道德上的慎重。被当代人格教育倡导者忽视的亚里士多德的这一观点，被彼得斯（Peters，1967）总结为道德教育的佯缪："必须经过习惯的院子，才能进入理性的殿堂。"（p.214）批评家认为当代人格教育好像希望把学生们留在这个院子里（Lockwood，1985/1986）。

# 教 育 观

对当代人格教育倡导者的最后一种批评，超出了我划分的对他们价值观学习假设的批评和理论批评这两个基本类型。这里先简单概述一下这种批评，在下面的章节中再充分讨论。

简言之，无论是当代人格教育倡导者的理论、学习假设，还是他们推崇的教育实践，都缺乏周全的、建立在研究基础上的人的发展观的支撑。这是一个严重的缺陷。即使最不经意的学校教育观察者都知道，儿童和青少年之间存在重要差异。这些差异不仅仅是生理意义上的，也与他们的世界观、教育观和个人责任观等方面的观念存在联系。

当代人格教育拥护者知道，小学生和高中生存在差异。然而，他们的人格教育目标、教师角色和教学策略都没有以任何系统的形式把这些差异考虑进去。虽然现在有一些针对不同年龄段和年级水平学生的人格教育资料，然而，这些材料中体现的学生之间的差异更像是来自直觉的，而非系统的、在一定研究基础上得出的。当然，这些不是在当代人格教育倡导者指导下完成的。

对如何弥补当代人格教育中存在的发展性问题的缺失，没有一个简单的答案。让人特别诧异的是，里考纳（Lickona，1976）和瑞安（Ryan，1981）都是深谙道德发展理论和研究的人，他们还曾是道德发展理论和研究的早期倡导者之一，并曾发表过这一领域的研究成果。不管是出于什么原因，他们在阐述自己关于当代人格教育的理念时，基本没用上自己曾熟知的这一丰富传统。

一个被认可的、对当代人格教育缺乏系统发展观支撑的简单解释是，它的大部分研究都是在小学阶段完成的，特别在其逐步形成时期。除了最近的一些研究外，文献中的大多数人格教育实践的案例都来自小学。可能正是对儿童的密切关注导致了对青少年发展思考得不够仔细，或者，更糟糕的是，导致他们认为在人格教育中适用于儿童的也同样适用于青少年。

不管是什么原因，当代人格教育倡导者没有深入阐述发展性问题，他们的研究也不能清楚地体现出某种人类发展理论的一贯影响。本书的一个目的是为当代人格教育的理论和实践提供一个发展性的视角，希望发展主义（developmentalism）能够为人格教育提供一种有价值的思考问题的方式，以强化其理论，增益其实践。

# 小 结

本章总结了对当代人格教育的批评，并将其分为基本理论、心理学假设和缺乏发展性视角三类。

对当代人格教育基本理论的批评主要有以下几个理由：

1. 苍白的人性观；
2. 强调不良行为的个人责任，将社会、政治和经济因素排除在外；
3. 虚妄地认为，在历史上与当代存在对价值观本质及其传递的共识；
4. 狭隘地认为，个人有了某些价值观就能解决社会问题；
5. 错误地认为，理想的价值观毫无疑问地导致某些理想行为；
6. 没有认真考虑价值观相互冲突的情况；
7. 没有认识到道德原则，而非简单的价值观认同，在决定道德行为中的重要性。

对心理学假设的批评也主要基于以下理由：

1. 他们给人一种价值观与行为之间存在某种简单、明确、直接关系的假象；

　　2. 他们让人误以为，至少在口头上，孩子们还没获得人格教育想养成的那些价值观；

　　3. 他们在某种程度上认同一种既不恰当又不充分的行为主义学习哲学；

　　4. 他们强调，为促进学生理想行为的养成，教师应该在这些行为上起榜样示范作用，这一想法的合理性是有限的、欠考虑的；

　　5. 误解了教孩子们形成某些行为习惯的建议。

　　最后，对当代人格教育概括性的批评是，它没有认真考虑儿童与青少年之间的发展性差异。这一点既是其理论上的重大瑕疵，也是对其人格教育目标全面实现的毁灭性打击。

# 3. 对批评的回应

　　上一章，我分析了对当代人格教育拥护者的基本理论及其心理学基础的各种批评，目的是把对当代人格教育基本理论和心理学相关问题的修正作为对合理批评的回应。在我看来，也可能在大多数读者看来，这好像是再正常不过了。毕竟，如果有人告诉我们哪里错了，这对错误的改正不是很有帮助吗？毫无疑问，多数明辨道理的人都会说，是的。奇怪得很，如果不是所有教育领域，至少在价值观教育领域，对有见地的批评少见非常成熟和明智的回应。

　　这里，我不想去考虑为什么通过批判性对话改进教育项目的想法，仍然更多是一种学术理想，而非现实实践。然而，我想说一下我对几个基本问题的看法，然后阐述对当代人格教育的具体批评，并就以前和当下哪些批评是有价值的给予评价。

# 如 何 回 应

在前面，我刻意提到了合理和有见地的批评。这些是值得回应的批评类型。我不是指那些刻薄的、有政治图谋的、卑鄙的或是意识形态式的批评，那些批评常常更多地是用来完成批评者的任务（为了批评而批评），而非认真考虑批评的积极目的。在前面，我特意选择了分析批评的方式，以营造这种旨在改进当代人格教育理论和实践的对话。

针对批评可以作出各种回应：（1）置之不理，不作回应；（2）给出回应并进行辩解——批评者的核心观点有待商榷；（3）认真思考，通过适当地修改自己的观点，以平和的方式作出回应。本章将对客观而平和的回应方式进行思考。

当代人格教育的倡导者尚未对上一章提到的诸多批评作出系统性的回应。这些在前些年提出的严肃批评，现在仍有意义并值得关注。在某种意义上，倡导者作出过回应，他们认为这些批评要么是误解了人格教育，要么是缺乏事实根据（Benninge & Wynne，1998；Lickona，1998）。到目前为止，倡导者们对批评的反应主要还属于上面提到的第二种回应类型，总体来说，他们对这些批评作了回应，但是认为这些批评并不重要（Lickona，1998）。

第三种对批评的回应是评估批评者看法的合理性，并作出适当回应。一方面，如果认为这些批评不尽合理，就应该进行解释。另一方面，如果批评是合理的，就要在适当与可能的地方作出回应，并用以指导当代人格教育理论和实践的改进。这样，问题就变成了我们怎么确定这些批评的合理性了。尽管合理的批评并不一定被看成是真理或者无可辩驳的，但是这类批评必须经得起认真推敲及对实践的适用性的检测。

# 对课程批评的合理性评价

为很好地达到本部分的目的，我将站在公正的法官的立场上来审视这些批评。我的任务是为所有教育项目的批评建立一个总的合理性评价标准。为方便评价，我列出了以下几个评价合理性时要考虑的主要问题。

**批评者对倡导者立场的归因准确吗？**

批评者为了确立自己批评的靶子，必须描绘倡导者的立场，否则他们就没有批评对象，我们也就不知道他们在说什么。比如，批评者可能认为倡导者的教育项目会要教师参与到一些他们未受过培训也无法胜任的活动中。要使这样的批评具备合理性，批评者至少必须准确界定教师在倡导者的教育项目中的角色。如果批评者对教师角色特征的描述和倡导者所陈述的一样，是正确的，那么批评才可能是合理的。

**批评是否源于可靠的理论、研究或者实践？**

这个问题直接指向也许可以称为批评者批评基础的内在本质的东西。批评者可能准确地描述出了倡导者教育项目的某些特征，但是以那些特征为指向的批评并不一定源于可靠的理论或者研究。

重申一下，评估批评有效性的标准着眼于批评者所持立场的基本依据，而非倡导者对教育项目描述的精确性。如果批评者的理论和研究基础是有问题的，那么批评也就会有问题。但是，这并不意味着它所批评的教育项目是有价值的，或者可以免受其他批评。

**在多大程度上，批评可以为倡导者所倡导的教育项目的理论和实践带来合理的修正？**

应该澄清一点，到目前为止，评价"批评问题"的答案不是自然科学式的，即这些答案不是绝对的，需要我们借助学术判断力与平和的心态进行判断。

实质性的批评应该提出改进教育项目理论或实践的清楚暗示，这里，暗示是说这些批评应该能以某种方式付诸实践或者带来效用。一些批评者可能会反对这一点，他们把批评本身作为目的——作为另一种范式或者深刻政治分歧的表达。然而，在这里，为实现我的研究目的，我要声明，合理的课程批评应该向我们表明，或者清楚地暗示，所谈教育项目的理论与实践可能在哪些方面得以改进或者提高。

要求好的批评应该为项目的修正提供指导，是基于一种改良的观念：批判性对话的目的是提高被评估项目理论、研究或者实践的品质。这并不是说，批评者提出的修改意见自然就是合理的或者应该被采纳的，而是意味着好的批评的必要品质是，它告诉我们批评者希望怎么改进，或者怎么令人信服地取消这种做法。

拥护者可以对好的批评作出多种回应，对此我不想在这里进行详尽的讨论。不过我强烈声明，对批评进行回应应该是一件真诚的事情，是对批评进行开诚布公的而非防御性的（defensively）审视后的专业判断，而且，回应应该是认真而理性地作出的。这是我在评价对当代人格教育的批评时努力要体现的理念。

## 对基本理论批评的回应

在这一部分，我要评价对当代人格教育倡导者的批评。这一部分的结构，沿用前一章所用的对于批评的组织分类方式。我将评价这些批评，考察它们的合理性，以及这些批评在多大程度上能够改进倡导者的基本理论或者心理学假设。如果有可能改进，我将提出相应的建议。在后面的章节中，我会把这些建议融入我对如何形成当代人格教育立场的详细解释中。

我也希望当代人格教育倡导者会对这些批评作出回应。无论倡导者是否认同这些回应，这些都会成为我在后续章节中建构人格教育基本理论的基础。

## 人性观

对当代人格教育倡导者的批评之一是其消极的人性观。这种观点认为人生性粗野，必须给予严格的控制，以免把文明社会扰得混乱不堪。一些倡导者宣称自己持这种人性观（Benninga & Wynne，1998；Wynne，1985/1986）。

批评者认为，这种苍白的人性观导致人格教育倡导者喜欢用严厉的手段控制年轻人的行为。另外，这也导致了他们高度保守的政治立场，强调社会稳定和维持现状。一些人还认为这种观点导致倡导者过度强调个人对社会问题的责任，轻视或者忽视社会、经济和政治不平等对这些问题的影响。

总地来说，对人格教育倡导者持有消极人性观的批评，精确地反映了他们的观点，在这一点上，这种批评是合理的。但是，要对这种批评作出回应面临很大问题，不容易确定这些批评可能是什么意思。比如，难道拥有消极的人性观就能顺理成章地让人认为：不正常的个体应该为社会问题负责，有必要对人进行严格的行为控制，必须要服务于保守的政治/社会目的吗？

当代人格教育倡导者的确非常强调个人责任，偏爱某些形式的行为控制。然而这一定是因为他们持有这样一种阴暗的人性观吗？我想要说的是，喜欢行为控制、个体责任和一种保守的社会目的的人不一定要有这样一种人性观。也就是说，这些结论中的一个或者更多，也可以是根据其他理由得出的。

一个人的教育目的可能隐含了其所持有的某种人性观，但这样的目的并非必然是这一人性观才会有的。例如，一个人可能会认为有必要建立某种程度的政府来管理人类事务，但却没有明确赞同某种特定的人性观。

我还可以说，我们无法弄清楚一个人怎么证明人性是这样的或者是那样的。可能有很多人对讨论人类本性这一问题很有兴趣，但是，这对人格教育事业而言，充其量只是沾点边儿的问题。

鉴于阴暗的人性观并不一定是人格教育所必需的，我想对此作出如上回应。基本上，我认为人格教育理论的核心组成部分与某种人性观之间可能存在松散的一致性，但是它们并不直接源于这种人性观，也不一定需要某种特定的人性观。

现在让我们来看一下另外两种与人格教育的基本理论相关的批评，即当代人格教育倡导者轻视或者忽视政治、社会、经济因素对消极行为的影响，强调消极行为的个人责任。

人格教育的基本理论的确没有提到社会因素对行为的影响，其倡导者也没有详细阐述他们对社会理论的看法。这些批评更多的是基于倡导者们关于社会影响没有说什么，而不是他们说过什么。但是显然，倡导者的确强调个体需要承担责任，他们的人格教育观的焦点是向个人灌输价值观，希望这些价值观能直接指导个体行为。由此，我认为这两种相关的批评是合理的。

这些批评可能会被很好地采纳，可是我一点也不清楚怎么对这些批评作出最好的回应。从极端的角度来说，环境论者可能会建议我们放弃人格教育，把精力放到社会、政治和经济行动的激进主义中去。我们可以有很多种理由来驳斥上述这种观点，其中最重要的一点是：所有教育形式的效率都受社会情境的限制，人格教育也不例外。我还没听哪个批评者建议放弃所有的教育努力。活动受到限制和没有完满地达到预期目标本身并不是放弃努力的理由。

显然，我们的教育工作不是在真空中存在的。我们努力的结果总是我们的教育项目与其所处的社会、政治、经济环境相互作用的结果。尽管这是显而易见的，但我们并不确切知道这种相互作用是怎么发生的。批评者并没有告诉我们具体的环境因素是怎么影响人格教育项目的运行和结果的。

在前面讨论的基础上，我欣然同意社会、政治、经济力量的确在产生影响，以此来回应那些认为当代人格教育忽视了上述对年轻人行为产生影响的因素的批评者。另外，我会说，意识到这些力量在起作用是一回事，但是这种认识并不能告诉我们它们是怎么对我们的努力产生直接影响的。人格教育，和其他教育形式一样，必须尝试在个人所在的社会环境中对个体产生影响，而不是忽视社会情境的存在。

对当代人格教育倡导者过分强调个体责任的批评，与对社会环境的批评如出一辙。人格教育项目是否过度强调个体责任，这是个主观判断问题。当然，它们的确强调个体责任，因为绝大多数倡导者的讨论和建议均直接指向对年轻人价值观和行为的影响，所以这个批评理由是很充分的。

对这一批评的最好回应，是承认人格教育就像学校的其他教学项目一样，确实着重于影响个人。在批评者进一步阐明什么叫"过于强调的"观点之前，我不会对这种过于强调的观点进行回应。但是，我会回应，我们教育项目的成功必然受我们的学生、教师所生活和行动的社会环境的限制。这是一个既定事实，对此我们无能为力。

## 价值观

批评者所提出的很多问题是关于当代人格教育倡导者的价值观方面的。倡导者受到批评，因为：

1. 他们认为在什么价值观有价值的问题上存在社会和历史共识；
2. 他们避而不谈与价值观定义相关的问题；
3. 他们暗示确定与某些价值观相符的行为是件容易的事情；

4. 他们没有认真考虑价值观冲突的现实；

5. 他们没有认识到基本道德原则在引导过有德性的美好生活中的重要作用。

我将顺次对这些批评进行陈述。

批评者对人格教育倡导者认为的"在价值观问题上存在历史和社会共识"提出异议。如前文所说，温（Wynne，1985/1986）断言在道德价值观上有"伟大传统"共识，认为需要把这些灌输给年轻人。而且，基本上，批评者把贯穿在倡导者作品中的那些相同的价值观，看作倡导者所说的广义的社会共识的反映。我们可以作出结论：批评者已经准确地陈述了倡导者的观点，这些批评是有价值的。

在我看来，对这种批评最好的回应是：同意批评者认为的在价值观问题上不存在历史共识。这应该不奇怪，因为是我提出了这种批评。然而，我也认为，尽管道德哲学家在许多价值观问题上都存在重大分歧，但总体上他们都同意道德问题是非常重要的和值得认真分析的。约翰 S. 穆勒（John Stuart Mill）和康德（Immanuel Kant）的经典作品都说明了这一点。他们都认真阐述了道德问题的重要性，并对其进行了详尽的分析。这是共识。但他们在理想道德原则观上明显缺乏共识。穆勒把行为结果当作衡量正确行为的标准，康德则截然相反，他认为，不是结果，而是行为的本性决定行为是否正当。

基本上，批评者同意，在什么样的普遍价值观是有价值的这一点上，可能存在社会共识，因为当要列一个重要价值观清单时，不同人群列出的价值观清单是非常相似的（Gee & Quick，1997）。但是在批评者看来，这些清单说明只是在抽象的、不具体的、敬语称谓意义上存在社会的道德共识。毕竟，谁会反对诚实、谦虚、尊重等价值观呢？而当代人格教育倡导者好像认为这种共识并不只是动听的词语，而是具有更深层的，相对而言没有争议的内涵。正是在这一点上，批评者对倡导者认为的"在价值观上存在社会共识"提出了异议。

我要利用这个机会对这种共识谈点看法。为什么这些人格教育的倡导者希望在重要的价值观问题上存在历史或当代的共识呢？我相信是因为他们认为社会共识的存在可以增强人格教育的正当性。在旁观者看来，可能的确如此。但是，我们应该记住，共识仅仅意味着多数人目前的看法，或者历史上曾经有过的看法。这意味着他们现在的想法或曾经的想法是正当的吗？答案是响亮的"不"！尽管可能很惹人生厌，但我们很容易举出在世界范围内历史上存在大量当权者压迫无权者的事例，我们还能例举更近一些的社会共识：妇女可能没有投票权或者不可以有自己的财产。共识，无论是否是历史性的，都不能代替道德上或者逻辑上对正确与错误的认真思考。

另一种对当代人格教育倡导者的批评是，他们貌似认为获得价值观本身的内涵是件轻而易举的事情。他们的作品暗示我们，确定价值观的定义及其完整内涵是没问题的。批评者非常准确地描述了人格教育者的这一立场，因此这一批评也是有的放矢。

在思考这种批评时，要注意有些伦理哲学家把我们的道德义务当作我们最基本的责任，以维护普遍价值观。在本质上，这意味着我们应该遵守诸如一切皆平等这样的价值观，当然，问题是事情很少会都平等。比如，把诚实作为一种价值观并不意味着我们就知道什么时候应该诚实，对什么诚实，应该诚实到什么程度，或者在具体情况中面对价值观冲突时，我们是否还应该完全诚实。这些问题都必须在一定的情境中考虑，但这并不是说诚实不是好事。它意味着，只简单地赞同诚实这一价值观在我们决定应该做什么的问题上，没有什么太大的帮助。

当代人格教育倡导者应该这样给予回应：完全接受这一批评，并以至少两种方式回应如下。第一，当他们推荐某些具体行为时，应该阐明这些行为适用的背景，并向学生解释为什么他们确认自己推荐的行为是正当的。这会有助于我们理解他们是如何对这些严肃的道德问题进行推理的，更重要的是，这可以表明他们的建议不是武断的、有政治企图的或者与众不同的。第二，特别是对年龄较大的学生，课程应该在学术和应用的背景下有意识地引导学生接受诚实这一价值观。

一种相关的批评是，当代人格教育倡导者认为价值观和行为之间的关系是相当简单和直接的，没有重视确定"什么价值观与什么行为是一致的"这一问题，并假设在价值观和行为之间存在毋庸置疑的心理学关系。

哲学与心理学研究都表明，在普遍价值观和行为之间并不存在简单或者直接的关系（Kamtekar，2004）。当代人格教育倡导者应该接受这一研究结果。当然，我们也不应该忽视这一点，价值观与行为之间的关系有时候在概念上是很清楚的。比如，一切皆平等，持枪抢劫就是错的。另一方面，许多复杂的道德生活要求人们思考各种情形，然后决定需要什么样的正确行为。人格教育的课程和教学不管在理论上还是在实践上，都不能忽视道德生活的这一残酷事实。

批评者还认为当代人格教育倡导者轻视或者忽视了价值观冲突问题。就像在第2章里讨论的那样，在我们面对艰难的道德选择时，特别是在那些价值观之间发生冲突的情境中，这些问题是很重要的。倡导者们当然清楚有可能会出现价值观冲突，但是他们没有就此进行任何深度的讨论。这一批评对倡导者的作品进行了正确的描述，因此是合理的。

要回应这种批评，倡导者必须承认这一棘手的道德现实：在需要进行艰难的道德抉择时，价值观之间常常是存在冲突的。就是这些冲突使抉择变得艰难。我不知道倡导者回应此问题还需要什么其他建议，因为他们从没有，也不需要为从幼儿园到高中（K-12）的人格教育设定详细课程。

如果倡导者提出了明确的从幼儿园到高中的课程，他们也许可以对此批评作出实质性的回应：价值冲突问题放在大学阶段讨论。基本上，小学生应习得诸如诚实和尊重这些核心价值观的概念，以及在相对简单的情境下如何践行。这里可以引入发展性视角，为分阶段向学生阐述各种道德问题提供依据。当然，我们不知道倡导者们的意图，也不知道我的回应是否能令他们满意。

重申一下，上述观点并非是想建议里考纳和其他倡导者设置这样的课程。他们所做的是提出基本理念，论证他们认为体现自己完美人格教育观核心戒律的各种活动和教育项目。这很有价值。只有当他们希望为不同年龄段的学生提供具体建议时，我的回应才有意义。在后续的章节里，我希望能说明怎么做到这一点。

对倡导者价值观看法的最后一个批评是，他们没有认真考虑道德原则在作出可靠的道德决定过程中的重要作用。在他们多数的作品中，当代人格教育倡导者给我们一个这样的印象：遵守某些既定的价值观，就可以有在面临价值观选择时能作出正确判断的公民团体。倡导者强调了价值观，却忽视了如何应用这些价值观的道德原则。因此，这一批评是有价值的。

当代人格教育倡导者没有反思和讨论道德原则在指导道德行为中的重要作用，这真是令人费解。就像第 2 章说的那样，在犯罪亚文化群体和人格教育倡导者所构想的美好社会中，都体现着遵守简单的价值观就可以有"正确"的行为和思想这一点。

在犯罪文化中，遵守合法的权威可能意味着奉暴徒头领之命去杀人，或者奉恐怖分子头目之命去炸毁一座平民建筑。在犯罪文化中，诚实可能意味着告发把消息泄露给警察或者其他政府官员的成员。当代人格教育倡导者可能会将此看作道德价值观的扭曲表现——我也这样想。问题是，为什么这些表现是错误的？简单地认为它们是错误的，缺乏充分的理由，必须凭借道德原则来说明应该如何将价值观付诸实践。

我建议，对当代人格教育倡导者来说，最好的回应是解释一下指导自己对所列价值观行为的意义和理论内涵作出判断的是什么道德原则。这可能是意识到道德原则在道德决定及道德行为中的重要作用的第一步。

还有一种倡导者可能想作的回应，就是解释一下学生怎么才能参与到"用什么来证明好的道德原则"这一问题的分析和讨论中（Simon，2001）。实际上，要考察的核心问题是，什么样的道德结论可以指导我们确定价值观的内涵，以及依据这些价值观应该采取什么行为。在我看来，这是好的人格教育至关重要的部分。稍后，我将说明学生为什么及如何来进行这一研究。

**最后的批评**

第 2 章所列的对当代人格教育最后的批评，是在其课程思考中缺少发展性视角。综观他们的所有作品，倡导者对儿童和青少年之间存在的发展性差异没有作任何系统性说明。在某种程度上，这样做的一个结果是，倡导者没有概括出人格教育的课程与教学怎样才能在不同的理论化程度与组织形式上更适用于儿童，而不是青少年。因此，这最后的批评是有价值的。这是人格教育想要获得充分的合理性必须要正视的一个根本而又重要的疏忽。

对倡导者来说，对这一普遍批评的最好回应是，既要承认自己没有涉及发展性视角，也要承认这个视角是必要的。承认并很好地采纳这种批评，并不会损害当代人格教育的本质目标。发展主义的假设就是，如果考虑到发展的差异，从幼儿园到高中的教育目标会更好地得以实现。

声明一下，认真考虑发展性因素并不足以提供课程设计过程所需的全面信息。当然，根据经验或者直觉，大家都知道年龄较大的学生与年龄较小的学生在很多重要方面存在不同。这种普遍认可的设想不足以指导课程和教学设计。我们需要知道与开展有效教学有关的差异是什么。比如，如果我们不希望因超越小学生现有发展水平限度而导致他们有失败感，不希望有把青少年当作幼儿对待的教学，我们就需要了解能力和兴趣是如何随着年龄的变化而变化的。沿用已久的发展视角还有一些其他作用，我们会在下一章作更详细的讨论。

# 小　结

这一章是对第 2 章中总结的一些比较重要的批评作出的建议性回应。在第 2 章，我阐释了对当代人格教育倡导者的各种批评，主要是针对当代人格教育所提的基本理论和心理学假设的批评。

在本章，我提出倡导者的严肃、实质性的回应才算得上是对这些批评的很好采纳。我为合理的、可以被很好采纳的批评的构成提出了一些标准，用这些标准来确定哪些批评是值得回应的。

在指明哪些是合理的批评后，我进一步明确了什么可以作为倡导者对这些批评的合理回应。当然，倡导者可以根据自己的感觉，接受或者拒绝这些建议，但是我希望他们会认真考虑这些建议。

我的观点是，人格教育项目的倡导者应该对中肯的批评进行深度的考虑。批评可能为项目基本理念和理论提出很好的意见，也可以改善教育项目倡导者推荐的实践活动。书的后半部分，是我基于对这些批评和其他因素的回应，对当代人格教育的现有构想提出的改进、巩固意见和建议。

# 4. 发展观的形成

这一章看上去可能有点冗长离题，但是，我相信读者会理解，这是承上启下的重要桥梁。

## 我们为什么需要发展观

当代人格教育倡导者的一个重大研究缺陷是缺少发展观。或明或暗地，倡导者希望人格教育至少是一个从幼儿园到高中（K–12）的教育项目。然而，他们却没有借用成熟的（well-researched）人类发展科学的理论成果。人格教育不单是为儿童或者青少年设计的。既然在孩子成长过程中发生着巨大的发展变化，所有人格教育项目都应该恰当地对待这些变化。在某种程度上，学生间的发展性差异与课程教学的相互影响，决定了学生对教学及自己所学内容的理解。

有一点必须要在开头的时候强调一下，在这里，我的目的是敦促用发展性观念及研究结果来完成人格教育的使命，不是让发展心理学用人格教育达到自己的发展目的。在后一种情况下，有人会认为人格教育应该为促进某种健康心理发展理论服务，比如促进道德推理发展阶段理论。这可能是一个有价值的教育目标，但这是另一个议题。这里我们要思考的是，发展心理学能够为人格教育做些什么。

把发展心理学用于实现人格教育的目的，我的意思是，心理学理论及其研究成果应该为实现适用于不同年龄的人格教育目标而进行的课程设计过程提供理论指导。在有些情况下，这些研究成果可能引导我们完善或者重新确定这些目标。我们也可能会发现促进心理发展与人格教育的目标是一致的，但是，我绝不会认为应该用促进心理学的发展来取代或者代替人格教育的主要目标。

把发展性知识用于人格教育，可能会让一些发展心理学家和教育家不太高兴。首先，我会折中地、总体性地甚至有点不加批判地借鉴一些发展性理论。我可能不会详细阐述这些心理学理论，也不会评价对它们的学术批评。我确信已经有人对这些理论的基本结论作了很好的梳理，这对指出当代人格教育的某些局限性很有帮助。我的目的是向大家表明，发展心理学领域的知识怎样有助于更有效的人格教育项目的形成。

我希望，人格教育理论家和课程设计者选择他们认为最正当和最具有说服力的发展心理学理论，并以和我下面要说的类似的方式使用它们。在心理学领域，可能有助于我们了解人格教育过程的理论有很多种，下面所列的并非全部。

这里，我们研究的操作性假设是：需要对不同年龄、不同发展阶段儿童之间的主要差异，有个一般性的理解。这些理论不仅要描述这些差异，而且应该为各个年级的人格教育课程和教学建设提供指导。

在述及从发展心理学中得到的想法时，我刻意用"概括的"、"一般的"这样的词，因为发展性理论体系必须概括出不同发展阶段的人的一般性特征。这些理论体系不会，也不可能，为处于任何发展阶段的任何一个个体特征提供充分、具体的解释。它们所描述的差异是普遍性的，对课程和教学的指导也是普遍性的。当然，这并不意味着它们的理论或者课程指导是没有价值的。如果可以从这些普遍性中得出对人格教育理论和实践的有益修正，就可以借用发展心理学中更精确的特点描述为进一步加强人格教育服务。

合理的发展观可能为课程和教学提供多方面的帮助。我说"可能"是因为心理学是用于帮助我们理解人的发展的，而非直接指导教育实践的。尽管如此，这些心理学可以在以下方面为教育者提供帮助。

1. 它们可能有助于确定对不同年级水平的学生来说，什么是重要的或者不重要的话题和问题。这可以帮助我们弄清楚让学生学习什么内容，也可以帮助我们回避在学生看来是不相关的、不好理解的或者不重要的内容。比如与工作相关的价值观问题，对小学生来说是没什么意义的，但对青少年可能会很有吸引力。除非学生们认为课程和教学是有吸引力的、可以理解的、有意义的，否则其理想效果可能就会受到局限。

2. 它们可能帮助我们了解处于不同发展阶段的学生对道德价值观或者其他价值观的普遍态度和理解程度。这有助于我们设定对学生具有一定挑战性，但又不超越其能力范围的教学目标。

3. 它们可能指引我们预测不同阶段的学生会表现出什么态度，理解在不同阶段到处弥漫的道德或者其他价值观。这能帮助我们确定学生可能会对我们的课程作出什么样的回应，以及帮助我们计划好怎样最有效地对待这些回应。

## 发展观概览

发展心理学是一个庞大而又丰富的研究领域，因而，选择哪些发展性理论来指导人格教育是很伤脑筋的。我选择这些理论的标准是它们应该满足上文所列出的发展心理学的三种潜在的应用：它们应该描述了所有年级在校生官能（functional）和认知能力发展的具体年龄特征，应该有助于界定儿童和青少年处理价值观问题的发展性差异特征。

据我所知，我现在在做的是前所未有的，因而也是有待验证的事。因此，我想尽可能做到所用理论及研究的主要观点都是确定无疑的，为确保这一点，我应该借用学界知名的、经过广泛学术研究和批判性对话的心理学理论。用一种或多种没有受过严格学术考证的理论来测试发展性理论在课程中的应用是不公平的。

实际上，所有发展心理学的原则都能给人格教育一些启发。尽管卡罗尔·吉利根（Carol Gilligan，1982）有关人类关怀和责任倾向的精致阐述当初并没有想过要用来指导教育实践，但她的研究仍有一些教育应用，比如，内尔·诺丁斯（Nel Noddings，2002）的教育观就部分得益于吉利根的研究。

为达到我的研究目的，我需要发展心理学为我提供有关儿童和青少年发展差异的非常概括的甚至宏观的研究结论，我认为这些心理学理论最有可能为我们提供有助于重建人格教育的发展性见解。但是，我的选择并不意味着我会忽视其他发展心理学理论对重建人格教育的潜在价值。

在提出前面的指导原则后，我决定评估一下两种主要而著名的发展性理论对人格教育可能作出的贡献。从心理分析的传统看，排在第一位的是埃里克·埃里克森（Erikson，1963）的理论。埃里克森提出了人从生到死的生命阶段序列，但是最著名的可能还是他对青少年心理发展的见解。排在第二位的，从认知发展的传统看，是让·皮亚杰（Piaget，1965，1970）和劳伦斯·科尔伯格（Kohlberg，1969，1970，1980）的道德发展研究。我把他俩放在一起，因为皮亚杰明确提出了这个传统的重要原则，科尔伯格则拓展了皮亚杰的研究。

下面，我将陈述这些发展心理学理论，然后论述这些研究对人格教育理论和实践的可能贡献。

# 埃里克·埃里克森的发展主义理论

1902 年 6 月 15 日，埃里克森出生在德国的法兰克福市。他的父亲在他出生后不久就离家出走，他的母亲再婚，嫁给了一位名叫洪伯格（Homberger）的人。年轻的埃里克·洪伯格没有上学，在欧洲四处游荡，想成为一名艺术家。在维也纳，他遇到了安娜·弗洛伊德①，对精神分析产生了兴趣。他想考取精神分析师的资格证书，为此接受了安娜·弗洛伊德的精神分析培训，这也是他所受教育的一部分。1933年，他来到美国，在波士顿开始了儿童精神病治疗的实践。1939 年，他加入美国国籍，并把自己的姓改成了埃里克森。埃里克森在全美很多高校执教过，最后在哈佛大学结束了自己的职业生涯，于 1994 年离世。

毫无疑问，埃里克森是 20 世纪卓越的心理分析的发展主义者。尽管他保留了弗洛伊德的一些核心理论，但埃里克森远远超越了弗洛伊德的性驱力发展观，并吸取了社会学、历史学和人类学的研究成果，增强了自己的生命发展阶段理论。

埃里克森最著名的可能是他对青少年发展的见解，他创造了“认同危机”这一术语来描述成长（trying）时期的心理社会（psychosocial）斗争，他的发展阶段理论阐述了从出生到老年各个阶段发展的关键任务。根据埃里克森（Erikson，1963）的研究，每一个人都会遇到这些阶段和主要的生活挑战。他把每个阶段的任务描述成截然相反的两极，个体必须面对极点间的张力，以比较积极的态度解决这些张力。面对和解决这些张力的效率，会给个体身份认同的发展 、未来阶段主题的适应和一般的生活挑战的应对渲染上不同的人生色彩。

---

① 安娜·弗洛伊德（Anna Freud），西格蒙特·弗洛伊德的女儿。——译者注

### 埃里克森的阶段理论

简要说来，埃里克森论述了以下八个阶段。

1. 信任与不信任。在生命最初的几年，孩子依赖他人获得他或她的生理和其他形式的幸福，必须确保他或她的需要得到满足。如果这些需要得不到满足，孩子可能发展出对他人的病态的不信任。

2. 自治与羞愧和怀疑。在这个阶段，幼儿开始做些自主的事情——走路，说话，探索环境。理想的情况是，这个阶段的孩子开始发展出对他或她的能力的信任，用自己的能力去操控环境。如果他或她的这些行为受到父母或照看人的阻止或者打击，孩子就可能会产生过度的自我怀疑或者羞愧感等不健康的情绪。

3. 主动与内疚。在这个阶段，学前儿童开始参与自导自演的游戏，通过自己的想象力创造或者想象小小的冒险。由于他或她的能力水平有限，必须教孩子一些限制性规则，但是这些限制性规则千万不能过于严厉地强制实行，否则孩子会因常犯错误而产生适应不良的内疚感。

4. 勤奋与自卑。这一阶段包括小学到中学的开始阶段，这时孩子必须适应学校作业世界，期待参与团队协作、合作与竞争，与非家庭成员建立人际关系。在成人指导下，孩子能按照别人制定的标准系统地完成工作，并接受某种形式的评价。如果孩子自己的成绩遭到忽视，或者受到他人苛刻的或不公平的对待，孩子可能会产生普遍的无能感和自卑感。

5. 自我认同与身份混乱。据埃里克森的研究，这一发展阶段是青春期的核心主题。这个阶段的关键挑战是形成坚实的自我感——知道自己是谁和怎样才能很好地适应社会。青春期是从童年到成年的过渡期，必须要面对许多属于这一阶段的变化和挑战。如果危机无法健康地得到化解，个体会失去坚实的自我概念，变得对自己和社会具有破坏性，可能会加入一些边缘的、反社会的群体和组织。

6. 亲密与孤独。成年早期多属于这个阶段。在成功地度过前面那些阶段后，个体现在面临着在保持自我感的同时坚持为他人承担责任的焦虑。如果不能形成完善的社会交际能力，会导致某种不健康的孤独感。

7. 生育与停滞。成年中期属于这个阶段。个体通过养育自己的孩子，进行有效率和创造性的工作，开始考虑服务下一代的问题。不能很好地处理这一危机可能会导致不会关心他人，或者不能成为一个对社会有贡献的成员。

8. 自我完善与绝望。在这个生命的最后阶段，个体到达他或她生命的终点。在某种程度上，这个阶段包含对人生成败及选择的总结。这有助于人以心理上健康的方式为人生的结束作准备。不能很好地适应这个阶段，可能会导致沉湎于过去的消极经历，不能摆脱自己曾经作出那些糟糕决定和整体上没有过一种成功人生的感觉。

根据埃里克森的研究，这八个阶段涵盖了全部的人生时期，（其中）第一阶段到第五阶段对我们思考学校人格教育有重大意义。

这些阶段叙述了个人发展中的核心问题，并概括地解释了贯穿人生的心理健康发展的内涵。埃里克森的研究表明，一个人从婴儿期开始所受到的待遇会影响他或她解决每个阶段中两极间张力的方式。毫不奇怪，健康的个性发展处于这两极之间。

这一阶段理论就像一幅地图，为提高精神健康水平指明了方向，但它的目的不是一定要改进人格教育。关键是不要用人格教育来促进埃里克森学派心理幸福理论的进一步发展，而是可以用埃里克森的研究更好地指导我们提高人格教育的效率，增加它对年轻人的吸引力。虽然埃里克森并没有想用他的研究直接影响教育实践，但是他的丰富见解足以为发展性人格教育提供指导。

### 对人格教育的启示

对人格教育来说，可以把阶段理论理解为关于儿童和青少年在学校内外环境影响中要面对的、随着年龄变化而变化的普遍问题。埃里克森的研究对人格教育有许多启示。下面列出埃里克森的研究中可能影响人格教育的理论和实践的一些基本理念。

1. 在某种程度上，人格教育可以被看作身份认同教育。埃里克森对身份认同的理解是，身份认同是在个体与其他人和社会的互动关系中建立起来的，正是这种不断的相互作用形成了"我们是谁"的观念。如果把人格教育理解成形成更为完满的、更为协调的道德存在（being）的努力，那么显然，理想的道德自我认同就是人格教育的主要目标。我们希望人们的行为肩负起个体道德责任，并有益于社会品质的提升。

美德应该且必须是个人整体性存在的必不可少的组成部分。身份认同的核心问题是："我是谁？"这个问题的完美答案必然包括作为道德存在的自我的某些特征。我是我所应是吗？形成我与他人之间的关系、把我塑造为社会一员的原则是什么？是什么指导我作出影响我和其他人生活的重大道德决定？这些是埃里克森理论和人格教育共有的核心问题。

把我们的工作想象成作为人格教育者帮助年轻人形成自我认同，这种想法很有用，应该成为当代人格教育基本理论的一部分和教学的指导性目的。这一想法作为理论的一部分，有助于让我们的视野摆脱狭隘的行为塑造的束缚，转移到形成人这一更广阔的视野中来。作为教学的一部分，它提醒我们让学生有意识地反思，我们的课程内容与他们不断涌现的对"他们是谁"和"他们希望自己是谁"的观念的"适合"程度。

2. 后面的发展阶段牵涉一些在深度上儿童不可能理解的以及对儿童有吸引力的主题。比如，我们可能会发现，强调小学生应该为社会生产性经济生活作准备的人格教育课程和教学在发展性上是不适宜的。诸如令人满意的职业生涯包括哪些要素，如何与同事和老板建立良好的人际关系，或者怎样才能对政府机构的决策产生最大影响等话题，最早也要到青少年时期再让学生认真地加以讨论。尽管孩子们写给国会议员的信通常都是非常好的，但这对学生形成持久的、负责任的公民信念是否有重大意义是值得怀疑的。

3. 当然，埃里克森关于认同问题和青少年自我发展的想法比这里所列的要丰富得多，除了埃里克森的研究，还有其他一些关于青少年和儿童发展阶段的研究。但是，他的观点可以为人格教育提供总体的指导。

很大程度上，青少年建立积极自我认同的努力是一场与角色混乱的消极性之间的斗争，这种角色混乱会导致一种片面的、断裂的、游移不定的、潜在的不良自我观念。青少年可能会崇拜自己小团体内的领导或者名人，以此抵制无望而模糊的自我认同所产生的恐惧。他们可能会变得喜欢拉帮结派，关注服饰（风格的统一）、（自己小团体的）行话，以及用以区别团体外的人和自己团体内成员的其他外在标志。青少年特别容易改变原有的宗教信仰或者政治意识形态，以及为之提供生活意义以摆脱不确定性的精神领袖（Erikson，1963）。

青少年的这些特征，并不需要我们在现有的人格教育课程中增加或者去除某些话题，然而，它们确实隐含着对青少年进行价值观教育的一些忠告。

在建立良好的自我认同的斗争中，青少年常常会深深地陷入自己的世界里。对他们每一个人来说，质疑生活、角色和价值观的感觉像是一种新奇的体验。青少年可能想象不到别人，特别是成年人，都曾对本质问题有过深入的思考。这会导致一些青少年蔑视成人的价值权威，因为在他们看来，这些价值权威可能不是经过艰难地、紧张地、批判性地思考后产生的。

当代人格教育的支持者希望年轻人拥有一系列特定的价值观和价值判断，并践行特定的价值观的行为。这些引导工作对小学低年级学生来说可能是相对成功的，但对多数处于自我身份认同过程中的青少年来说，则举步维艰，难如人愿。我的一位从事价值观教育项目评价工作的同事，生动地回忆起青少年焦点小组的成员对他说过的话："我们不要老师告诉我们你们要做道德的人，我们自己知道什么是对，什么是错。"

成人努力地要把青少年塑造成有特定道德认同的人，特别是如果这种努力是灌输性的或者被看作灌输性的，就会遇到青少年喜欢的其他身份认同目标的激烈竞争。埃里克森的研究表明，对成人道德教唆的反感并不只是拒斥成人权威这么简单。首先，有许多吸引青少年注意力的其他信息来源。而且，根据埃里克森的研究（Erikson，1963），"本质上，青少年的心智是一种延缓型（moratorium）心智，是介于孩子与成人之间，孩子已习得的道德与成人要养成的伦理之间的一种心理阶段"（pp. 262－263）。

这些研究结果可能导致人们放弃对青少年进行任何系统的道德教育的努力，这样的结论是轻率的、有争议的和极度刚愎自用的。我们应该抛弃的，是成人所看重的灌输特定道德立场的说教式的教学方式；不应该抛弃的，是恰当地让青少年认真参与道德问题的思考。这样的思考，应该以成人参与帮助青少年形成道德自我认同为目的，而不以成人强迫青少年形成种种具体模式的道德自我认同为目的。

在后面的章节，我将会更详尽地论述埃里克森对人格教育课程和教学的启示。这里强调的是青少年人格教育应该处理这些不断涌现的道德自我认同斗争，而不是试图用成年人喜欢的结果取而代之。找到对道德认同发展颇具责任和成效的影响方式是很重要的，如果做不到这一点的话，就会导致社会和人们之间的道德崩溃，对此，我会在后面加以论证。

4. 当代人格教育倡导者常常倡导合作学习。埃里克森的阶段理论可以告诉我们如何创建合作小组和通过合作小组开展教学。比如，从小学到中学，教各组学生怎样以相互信任的方式进行交往（信任与不信任），让所有成员提出活动建议或者解释教师所布置的任务（自治与羞愧和怀疑，勤奋与自卑），这些好像是特别重要的。关于勤奋与自卑，埃里克森说道：

> 从社会性看，这是最具决定性的阶段：既然勤奋涉及在别人旁边以及和别人一起做事，那么这时就培养了初步的劳动分工意识、机会分配意识，也就是，文化的技术道德感（technological ethos）意识。（p. 260，楷体为原文中的强调）

在小孩子看来，教师在给合作小组分配任务时，可能很少注意到小团体的存在。然而，对早期和晚期的青少年来说，自我认同的形成常常与小团体内外的人密切相关（自我认同与角色混乱），建立有成效的合作小组要考虑这一点。至少，教师应该制定和实施非常清晰的规则，以控制什么行为算是合作性的，什么不是。关键是要使同侪间的紧张关系降到最低，并促使大家将注意力集中在小组任务上。

教师必须认真地对合作小组的工作给予评价和打分。埃里克森的阶段理论建议，对小孩子的评价应该包括对其在自治、创新和勤奋等方面的努力程度所作的评价。对儿童来说，如果是下意识表现出的，这些品质可能就很重要，值得奖励。从理论上讲，堪称自治、创新和勤奋范例的行为会增进孩子的这样一种感觉：学校生活与自己的生活是相关的，而非异质的。对学校教育、人格教育课程设计和教学的全身心投入更可能会提高教育的效率。

对青少年来说，打分时不仅应该考虑他们作为小组在一起工作得如何出色，也许更重要的是，打分策略应该认真评价个人表现对小组成果的贡献。青少年可能会自然而然地感到自己与他或她的同伴间休戚相关，但是健康的成人道德人格的形成需要认识到自治个体的小组责任，而不是简单的小组团结。而且，原则性道德是超越于仅仅遵从小组规范之上的，人格教育应该促进道德自我认同的这一核心组成部分①的形成。

在这里，我并不想对埃里克森之于人格教育实践的贡献进行详尽的描述，相反，我希望读者能够自己去发现其理论的其他应用。在第 6 章，我会就发展观如何可能指导人格教育实践给予更多的说明。

## 劳伦斯·科尔伯格对发展主义的拓展

这一部分讲的是道德认知②发展心理学的主要特点，并思考可以从中找到哪些为人格教育服务的内容。我们先来简单讨论一下让·皮亚杰。虽然皮亚杰只是间接地对道德发展感兴趣，但他建立了发展心理学的重要原则，在此基础上，科尔伯格做了大量的拓展工作。

### 皮亚杰的影响

1896 年，皮亚杰出生于瑞士。童年时期，他开始对生物学感兴趣，参与了不少自然俱乐部，高中时，他就在专业杂志上发表了关于软体动物的研究成果。他对哲学也很有兴趣，在 22 岁完成博士学位论文时，

---

① 指原则性道德人格。——译者注
② 原文是认知—道德（cognitive-moral），考虑中文译作的习惯，译为道德认知。——译者注

他不仅已发表了一些哲学方面的论文，还出版了一本相关的小说。

在他的注意力转到心理学后，皮亚杰搬到了巴黎，和西奥多·西蒙（Theodore Simon）一起研究智力测验。皮亚杰开始好奇：孩子们为什么会答错这些问题，这揭示了与孩子们的思维方式有关的什么问题。回到日内瓦后，随着研究的深入，他提出：孩子们的思维与成人思维有着重大的和结构性的不同。

皮亚杰研究工作的一个最重要假设是：个体认知结构的发展不是人们接受直接教育或者从环境中"理解"（read）的结果，相反，变化是在个体与他或她所处环境中的问题相互作用时发生的。当现有的思维结构被直觉地认为不足以应付个体面临的认知挑战时，随着时间的推移，个体慢慢会形成更完备和更复杂的思维结构。

这些结构性的改变，是个体与在环境中遇到的科学的或其他问题之间积极相互作用的结果，认识到这一点是很重要的。实际上，个体在解决这些问题的过程中生产出了意义。这些认知结构的发展不是自动发生的，也不是通过正式教学习得的，而是一个动态的获得过程。

皮亚杰（Piaget，1965）对认知发展的研究形成了阶段发展理论。他告诉大家人们的认知如何从科学上不完备的感觉运算阶段过渡到较高级的形式运算的思维形式，即能够进行抽象的科学和数学思维的思维形式。

在皮亚杰的广泛研究中，道德思维发展也有一席之地。在这个主题上，他发现道德思维也是阶段性地发展的。他指出了两个基本阶段：他律道德思维阶段和自律道德思维阶段。

在他律道德思维阶段，孩子的对错观源于自我的外部。事实上，道德存在于个人主观判断之外的一些东西中。比如，游戏规则被认为是以某种方式内置于游戏之中的，而不是人为建构的。相似地，撒谎是坏的，因为撒谎行为本身是坏的，而不是因为它对人际关系带来的后果。

皮亚杰发现自律道德思维阶段出现在青少年时期。在这个阶段，个体认识到道德是人为建构的，可以通过它对人们和人际关系的影响来进行评价。比如撒谎的错误，这时被认为是不道德的，这是因为它破坏了人们彼此之间的相互尊重。

## 科尔伯格的起点

美国心理学家劳伦斯·科尔伯格对道德发展的兴趣，是由皮亚杰的研究引起的。1927 年，科尔伯格出生于纽约的布朗克斯维尔（Bronx-ville）。从安多弗（Andover）学院毕业后，他曾经帮助犹太难民从欧洲偷渡到以色列避难。1948 年，他入读芝加哥大学，后来又在这里继续研究生阶段的学习，开展道德发展研究。1968 年，他转至哈佛大学，继续他的研究工作，在这里，他对促进道德发展的教育实践的兴趣得以展现。1987 年，科尔伯格去世。

科尔伯格以皮亚杰的研究为基础，细化了从童年到成年的道德发展研究。在研究期间，他广泛而详细地阐述了道德发展的阶段理论。多年来，在道德心理学领域，科尔伯格的名字在世界范围内俨然成了独创性理论和研究的代名词。

## 科尔伯格的道德发展阶段理论

与皮亚杰一样，科尔伯格对儿童和青少年用来解决问题情境的思维特征感兴趣。科尔伯格呈现给被试的问题情境，都是些道德两难故事。在这些道德两难故事中，主人公一定会面临必要的、艰难的，涉及诸如生命、自由、所有权、说真话等道德价值观冲突的决定。被试要回答主人公是否作出了正确的决定或者应该作怎样的决定，更为重要的是，他们要给出对错判断的理由。

科尔伯格使用了很多道德两难故事，但是其中最为典型、引用最为广泛的，当数海因兹的故事。诚如第 1 章所讲的，海因兹无法筹到足够的钱，去买可以挽救他妻子性命的昂贵的药。当地的药剂师不愿降价，海因兹闯进药店偷了这种药。被试要回答"海因兹的做法是对还是错",并给出他们判断的理由。

在各种道德两难故事问答中,被试所提供的理由在个体被试之间具有高度的相似性,但是在不同年龄组之间存在根本性差异。科尔伯格将这些具有相似性的群组称作阶段。例如,大概从 10—12 岁,儿童通常将自我利益作为解决道德问题的重要"原则"。也就是说,正确的事情就是那些使主人公获得他或她的最大物质利益的事情。例如:一个儿童可能会说,海因兹应该偷药,因为他需要妻子帮忙料理家务;另一个儿童可能会说,海因兹不应该偷药,因为他可能会被逮住,而且不得不在监狱里待很长时间。

在前面这个例子中,两个人尽管在海因兹是否应该偷药的问题上意见不同,但是他们寻求解决方案的总体思路是一致的。对他们两人而言,正确的决定就是符合海因兹自身利益的盘算。当然,在这个情境中,他们对于海因兹自身利益的盘算是不同的。随着年龄的增长,他们的自我利益定向会被不同的主导因素所取代,比如夫妻关系的质量、当地所应用的法律,或者在处理两难问题时何种人权应该得到保护。

这些道德推理阶段随着时间的变化而发展。儿童中普遍存在的自我利益阶段,让位于基本的权利—决定因素,并为其他因素所取代。科尔伯格发现,每个人的道德发展阶段遵循同样的顺序。所有人最初都是关注自我利益,随后取而代之的是对家庭或首属群体(primary group)成员福祉的关切,其后,部分人的这种关切又为对社会及法律的基本关怀所取代。

探索和追踪道德推理阶段的发展是科尔伯格研究的中心所在。他开创性地提出了道德发展的六个阶段。后来,随着进一步的理论和实证分析,他对第六阶段的发展状况提出了疑问。在下面有关这些阶段的总结中,我把第六阶段作为一个单独的道德/哲学定向列出来,这也是事实。但是,读者们不要以为,这个阶段是由第五阶段顺次发展而来的,这还是个有待证明的实证问题。

科尔伯格将这些阶段分成三大类。他将前两个道德推理阶段称作前习俗的，将第三阶段和第四阶段称作习俗的，将第五阶段和第六阶段称作原则性的或后习俗的。下面将简述科尔伯格（Kohlberg，1980）开创性的道德推理阶段理论。

### 前习俗阶段

1. 惩罚和服从定向。这里，行为的好坏取决于该行为所产生的自然后果，不考虑行为者的动机。假如一个人打碎了一个盘子，即便这是他在帮忙清洗时无意造成的，仍然是错的。另外，服从权力和避免惩罚是这个阶段的核心价值观。成人是对的，因为他们很强大，拥有权威地位。

2. 工具—相对主义定向。如上所述，在海因兹事例的讨论中，在这个阶段，一件事情是否正确，取决于它是否满足了行为者的物质利益。这里也出现了某种朴素的互惠意识：如果一个人过去从其他人那里得到过某种东西，他就可能认为他或她亏欠了别人某种东西。在这种情况下，道德义务就等同于报恩了。

### 习俗阶段

3. "好男孩"—"好女孩" 定向。正确是与所在群体传统上认为的好行为相联系的。根据习俗惯例，善就是帮助别人，赢得赞许。在确定正确行为中，善的意图特别重要。

4. 维护法律和秩序定向。正确是与遵守法律、规则以及维护社会秩序相联系的。履行法律义务和尊重法定权威是正确决定的重要内容。

**原则性或后习俗阶段**

5. 社会契约定向。正确通常与社会一致赞同的个人权利相关。例如，在这种情境下，美国宪法可能被当作社会契约，而非一套成文法律。诸如此类的契约不是不可动摇的，在人权遇到不正当威胁时，可以重新商定以便使人权得到更好的保护。

6. 普遍伦理原则定向。正确是根据抽象的伦理原则由良心来定义的，而这些原则应该确保所有人的正义，无论其处于什么样的社会地位。这类原则源于对人类尊严的尊重。

读者会注意到，对科尔伯格阶段理论的叙述，与对埃里克森理论的描述一样，很是简短。我会在其他地方作更为详尽的阐述（Kohlberg，1971）。这里要补充说明两点。（1）被试所处道德推理基本阶段的确定，要依据大量访谈记录通过精细阶段编码的系统进行分析。上述简单的、笼统的描述不用作，也不应该用作阶段划分的唯一基础。（2）这些阶段说明了人们进行道德对错判断的部分推理特征。由此，这些阶段所勾勒的仅仅是个体性格的部分特征，而不是人格类型。

下面两个被试的回答，可以说明道德阶段的一些主要特征。这两个被试都是高中毕业班的男生，他们刚读完海因兹两难故事，并被要求判断海因兹的做法是对还是错。

被试 A：我认为，他不应该偷药，因为他极有可能惹祸上身。[当被问到见死不救是不是比偷窃更糟糕时] 我觉得，偷窃应该是最糟的。你一定会因为偷窃而受指控，但是，如果对她的死你爱莫能助，你不会因此而受指责。而且，相比可能会被记录在案的偷窃来说，从失去她的伤痛中恢复过来要容易得多。

显然，这个推理反映的是在处理两难问题时的第二个阶段的定向。

被试B：在我看来，这里有两个相互冲突的道德法则，其中一个法则是不能偷窃，另一个是生命法则或原则。在我看来，相对于不准偷窃的法律或药剂师的财产权，他妻子的生命权更为重要，这倒不是因为她是他的妻子，而是因为她是另一个人。我认为，生命权是最基本的权利，因为其他一切权利都有赖这一权利而存在。

被试B的推理反映了道德推理的原则性水平。

这两个从高中生被试中摘选的案例，阐明了阶段理论的几点内容。最值得注意的是，年龄和阶段不是一回事。这两个男生年龄相同，但是显然他们采用了不同的推理方式。他们的推理方式还表明，不同阶段的道德推理是怎样建构两难情境中的问题的。在被试A看来，道德决定对海因兹的生活产生的影响是关键的考虑因素。在被试B看来，相对于诸如自我利益、海因兹对妻子的感情和法律这些其他因素，权衡情境中存在冲突的权利具有优先性。

**阶段理论的心理学特性**

有关道德发展阶段的大量研究已有许多发现。

1. 发展到最高阶段的情况是很少见的。很少有人达到科尔伯格所说的原则性的道德推理水平。埃里克森所提出的发展阶段，是我们所有人在人生的有关阶段上都会碰到的；与此不同，大多数成年人的道德发展停留在科尔伯格的第三阶段或第四阶段上。

2. 这些阶段是认知性的，而不是情感性的。科尔伯格提出的是有关道德对错的思维方式的阶段，不是情绪或情感的发展阶段。这并不是说，一个人对他或她的道德观没有强烈的感受，但是，这些阶段反映的是有关道德问题的概念和思维方式。这就是为什么人们将他的理论体系叫作认知发展的道德理论的原因。

3. 发展遵循不变的顺序。道德阶段的发展是顺次展开的。阶段 1 之后是阶段 2，阶段 2 之后是阶段 3……以此类推。人们不会跳过某些阶段或倒退到先前的阶段。

4. 与环境的互动影响发展。与皮亚杰提出的认知发展一样，道德发展是人的互动与体验的结果。在哲学意义上，这些阶段代表了个体处理其所遇到的道德问题的更为合理的方式。也就是说，实际上与较低阶段相比，较高阶段代表了在道德意义上更令人满意的伦理问题的解决策略。

5. 教学实践可以促进学生所处道德推理阶段的提升。让学生讨论真实或虚构的道德两难故事的教育实践能促进其道德发展，与没有参与讨论的人相比，参加讨论的学生的道德发展更快（Blatt & Kohlberg，1971）。然而，提升的作用并不是太大，一般来说，不能使他们发展到原则性水平（Leming，1997）。

6. 人们很少只在某个阶段上进行推理。事实上，被试从来就不会使用同一阶段的推理方式来讨论所有的道德两难问题。在推理的过程中，他们通常会有一个主导（占他们推理的 50% 或以上）阶段，相邻的阶段也会同时出现，只是所占百分比相对较少。

7. 出于直觉，被试会选择高于，同时拒绝掉低于他们自己所处阶段的推理。当给被试呈现各种道德推理实例，并要求他们回答哪个最好时，他们会选择高于自身主导阶段的理由。相反，当要求被试指出为什么这样很糟糕时，被试会指出那些低于自己主导阶段的理由。

8. 人们难以理解高于他们自身阶段的推理，但是在理解低于自己阶段的推理方面没有障碍。在测试被试对于各种理由的理解时，他们难以把握高于自己主导阶段的推理内容，与此同时，他们在理解低于自己阶段的推理内容时没有困难。

9. 道德推理是预测道德行动的一部分指标。知道了个体的道德推理阶段，并不能直接预见他或她在某个具体情境中会采取何种行为。道德推理与道德行动之间的关系错综复杂，人们对这种关系还缺乏充分的认识（Gielen，1991）。

在哲学上，道德判断与道德思考是有区别的。当我们确定所采取的行为的对错时，是在进行道德判断；当我们决定在某个特殊的情境中应该做什么时，是在进行道德思考。科尔伯格的阶段理论，源于对被试道德判断而不是道德思考的研究。

10. 道德发展包括观点理解（perspective taking）能力的增长。无论是在逻辑意义上还是在心理意义上，道德推理的高级阶段都假定，人对其所认识的他人的观点、社会及其成员需要这类抽象观念的理解能力是可以提高的（Kohlberg，1976）。理解他人的观点、想法、利益、情感方面的认知能力，也遵循某种发展的模式。罗伯特·塞尔曼（Robert Selman，2003）对这一发展形式进行了细致的研究。

塞尔曼指出了四种基本的社会观点理解水平。到小学低年段，儿童就从学前阶段自我中心的观点，转变为能理解他人可能具有与自己不同的观点；到了高中阶段，青少年就可以理解自己和他人的多元观点。

11. 人们并不总是在他们所能达到的最高阶段上进行推理。科尔伯格用虚构的道德两难问题从访谈中得出的推理的主导阶段，可以看作一个人所能达到的最高推理阶段，它代表了这个人在科尔伯格所说的道德推理意义上的最高能力。在真实生活中进行道德判断时，一个人可能会，也可能不会采用他或她所能达到的最高阶段的推理方式。在具体情境中，他或她可能会采用较低阶段的推理方式。这反映了在其他领域中也存在的能力和表现之间的标准差异（standard distinction）。也就是说，出于各种原因，人们并不总是依据自己的最高认知能力行动。

12. *所有文化中都存在道德的阶段发展现象。*科尔伯格（Kohlberg，1969）报告，跨文化研究结果表明，他所提出的推理阶段（至少到第四阶段）在西方人群和非西方人群中都存在。因此，他认为他的阶段理论具有文化上的普适性。

**科尔伯格阶段理论的哲学特征**

如我们所见，科尔伯格的发展心理学影响深远、锐意创新（bold），其哲学主张可能与其心理学主张一样引人注目。科尔伯格认为，在哲学意义上，较后或较高阶段的道德推理优于稍前或较低阶段的道德推理，较高阶段的推理代表着更为合理、更为可取的道德判断方式（Kohlberg，1973）。

一个阶段比其他阶段出现得晚，这一事实本身并不能让它变得更为可取。例如，想想埃里克森的阶段理论。在时间上，自我完善与绝望的阶段要比生育与停滞阶段出现得晚，然而前者出现得晚，绝不意味着它在哲学意义上好于后者，它仅仅是在时间上出现得晚而已。

仅仅因为较高阶段在发展序列中出现得稍迟，就认为它们更好，这就犯了逻辑学上的错误。哲学家称之为自然主义的谬误。这个错误的本质在于设想，因为我们看到事情**是**如此这般，所以我们也认为它们**应该**

如此这般。要证明较高阶段具有道德上的优先性的观点，需要在哲学上证明它们为什么是可取的，而不只是给出一个心理学的论断：较高阶段出现得较晚（Kohlberg，1971）。

科尔伯格的论证是从世俗道德哲学的特定前提出发的。此外，这种道德哲学试图界定"好的"道德立场的特点。也就是说，最能帮助我们确定合理的道德观的标准是什么。从这些前提可以导向更为可取的伦理观的理想特征。其中，道德立场的特点包括：

1. 不偏不倚（impartiality）——我们希望我们的伦理原则对所有人都是公平的，不偏爱某个人或群体甚于其他。

2. 人的尊严——我们希望我们的伦理原则源于对人类价值的尊重。

3. 人权——我们希望我们的伦理原则界定和思考基本的人权。

4. 普遍性——我们希望我们的伦理原则在类似的情境中是一贯的，而不是在一个情境中得出一个判断，在一个类似情境中得出另一个不同的判断。

原则性的道德推理具有这些更为可取的元伦理特征，而前面的阶段则没有。由此，科尔伯格得出结论，认为与较低阶段的推理相比，较高阶段的推理在道德上是更加高级的判断方式。

在确定哪些道德推理模式比其他模式更好方面，有一种更为简单、更不哲学、更不抽象的方法。这种方法诉诸我们可靠的直觉（considered intuition）。想象一下，有人要对你已经采取的某个行为进行道德判断。在最低道德推理阶段，这个人可能只是考虑他或她自身的利益所在。如果这个人只是想到他或她的自我利益，你会觉得你的利益没有得到充分的或公平的考虑；如果这个人只是在他或她所在的首属群体范围内考虑什么是对的什么是错的，而你不是那个群体的一员，你就会觉得你的情况并未得到公平的考虑；如果这个人只是考虑适用什么法律，而法律本身就不公平或不明确，又或者现有法律中没有与你的情况相关的法律，你就会理所当然地觉得你的情况没有得到适当的考虑。

以上所驳斥的诸种考虑，反映的都是较低的、非原则性的道德推理阶段。如果我是道德判断的对象，显然我会选择采用考虑到我的合法权利的原则性推理判断，而不是主导较低阶段道德推理的那些考虑。这种对原则性推理的偏爱，比元伦理学的仔细推理更依赖直觉或者"道德常识"。然而，这两种思维方式都支持这样一种观念：原则性道德推理是一种更为令人满意的、更为可取的、更适当的道德判断的方式。

在结束这一道德哲学的讨论前，我需要澄清两点。第一，科尔伯格并没有论证说，遵循原则性道德推理会自动得出容易、清晰、站得住脚的终极道德判断。在某些情境中，两个都使用原则性推理的好心人，可能在原则必须包含什么判断的问题上出现分歧。第二，有一个假设：不信教也可以是一个道德的人。原则性道德推理并未预设任何特定的宗教信仰，也不认为必须有某种精神教条。较高阶段的、更为深思熟虑的道德生活既不拒斥宗教，也不必要求有宗教。

**科尔伯格学派对人格教育的贡献**

以皮亚杰和科尔伯格为杰出代表的道德心理学的认知发展传统，不管是在理论上还是在实践上，都对当代人格教育有很多启示。本书无法尽数这一博大研究的所有可能贡献。不过，以下所列几点对我们思考人格教育具有特殊意义。

1. 当代人格教育应该将促进原则性道德推理作为其原理和使命的组成部分。一些人格教育倡导者的兴趣好像仅仅在于保证年轻人的行为是非破坏性的、有积极社会意义的。而且，我们看到一些倡导者认为应该用行为理论来塑造这类行为。在第 2 章我就提出，无论是在哲学意义上还是在心理学意义上，这两种主张都是有缺陷的。

人格教育的倡导者需要承认，尽管促进道德上负责任的行为是这场人格教育运动的核心目标，但是这种行为必须来自合理的道德思维，而不是某种行为心理学的机械应用。对此，《发条橙》（*A Clockwork Orange*）的故事给予了有力的阐释。在这本小说中，安东尼·伯吉斯（Anthony Burgess，1962）杜撰了一个发生在未来的故事，在这个故事中，罪犯只要想到暴力行为，就会习惯性地产生厌恶情绪。这个扣人心弦的故事描写了这种行为塑造方案不仅在道德上是空洞的，而且是不切实际的。

促进合理的道德推理的发展，应该成为当代人格教育理论与实践结构的组成部分。我在第 2 章和第 3 章中说过，无论是行为心理学的应用，还是特定价值观的灌输，都不能培养公民的正直。我们的公民必须有能力且愿意使用复杂的、原则性的、自主的道德思维。没有"适用于所有情境的道德上正确行为的百科全书"，也没有一种行为主义的条件反射方案，可以确保在没有外部奖励的情况下这种行为会维持下去。

2. 人格教育的教师，特别是那些秉持经过慎重考虑、认真思考的道德观的教师，可能会对学生（特别是儿童）的道德看法感到惊讶。我就认识一些被自己所教小学生的言论震惊的教师。例如，有些学生可能会说，给一个横行霸道的家伙他想要的东西，在道德上是正确的，因为他很强大。第二阶段的自利定向，常常特别让人忧心。

道德认知发展心理学告诉我们，儿童的思维通常与成人的思维截然不同，向较高思维水平的发展是一个缓慢的过程。这一认识对我们的教学至少可以有两个方面的启发：第一，了解了儿童思维可能在哪些方面与成人思维有显著差异，在请他们在价值问题讨论中发表自己的观点时，我们就能保持专业的冷静；第二，了解发展的动态性，可能有助于我们以卓有成效的、积极的、恰当的方式去面对那些不成熟想法的挑战，而不是进行徒劳无益、总是毫无效果的讲授，告诉孩子应该怎样想问题。

3. 尽管学生在道德两难问题中所采用的对错推理随着年龄及其所处阶段的变化而变化，但是，实际上所有学生都会发现道德问题很有吸引力。真实的道德两难问题颇令人困惑，吸引我们的兴趣和关注，即使小学低年级的学生，也能意识到伦理问题中有某种利害攸关的东西，并根据所谓合理的问题解决方案提出自己的观点。

人格教育课程应该为学生提供讨论伦理问题的机会。这些问题可以是虚构的，也可以是真实的事件。许多小学人格教育课程使用儿童文学作品。这些故事提出了价值观问题，教师可以要求学生指出故事中人物所面临的问题，陈述这些人物的感受，并讲述他们是怎样作出决定的。为了保证学生有思考故事中的道德问题的机会，教师应该要求他们解释自己在这些故事中进行对错判断的理由，不仅要问故事中的人物想了些什么和做了些什么，而且要问这些决定是对的还是错的，为什么？

优秀的文学作品为儿童和青少年提供了大量主人公面临道德问题的情境。当然，在学校生活、历史以及当下的社会时事中也蕴涵着很多道德问题，这些也可以成为课程的一部分，供学生讨论和辩论。就像所有优质道德发展教学一样，应该激励学生对自己的判断理由进行解释、辩护和辩论——而不是简单地坚持自己的判断。这一点至关重要，因为这提供给学生用以思考的各种理由和证据，以便他们能在公平、公开的话语氛围中验证自己的观点。当然，这个笼统的教学策略不是想在全班达成一致认识，而是要对一系列理由和意见进行思考与评价。从长远来看，这种做法可以促进道德思维的成熟。

4. 对道德发展以及人格教育的其他目的来说，观点理解和移情都是重要的相关能力。观点理解是指对他人怎样感知某个情境的理解能力，这也遵循某种发展模式。不成熟的观点理解者以为，他人会以与自己相同的方式看世界；成熟的观点理解者可以以最少的曲解，认识到他人对情境的看法（Selman，2003）。

移情是体验他人正在经历的感情的能力，也具有发展性特征。儿童常常错误地认为，他人的感情与他们自己的感情是一样的。具有成熟的移情能力的人可以体验他人的感情，即便他人的感情不同于自己的感情（Hoffman，2000）。

就日常教学目标而言，我们没有必要精确区分观点理解和移情，它们都可以看作我们平常所说的"设身处地"。熟练运用这种能力，可以帮助我们作出更合理的价值判断，因为它让我们不仅更好地理解他人，而且也更加准确地理解不同行为和政策的后果。毕竟，考虑后果，是有根据的、正当合理的决策的重要因素。

5. 无论是当代人格教育的倡导者，还是道德发展领域的学者，都认为伦理相对主义是一种不可接受的道德观。简要说来，极端相对主义认为，道德判断的对错是不可证明的，因此所有的道德判断都同样有效。道德发展理论和研究，对处理人格教育课程和教学中的伦理相对主义这一问题有重要启示。

简而言之，当代人格教育的倡导者对伦理相对主义的回应，不仅仅是拒斥，而且重要的是向学生说明对与错的区别，教他们相信、赞赏教师所说的对和错，而且以教师所说的对和错为基础采取行动。通常，由此形成的教学，旨在根据课程设计者的意图，将行为的对与错的知识灌输给学生。这种教学可以看作灌输，纵然是巧妙地灌输。

道德发展研究表明，灌输是没有效果的，道德成熟的进步是体验（包括正规教学）的结果，在体验过程中，学生必须努力应付各种道德问题，同时形成自主的道德观。这一点最为直接的启示就在于，人格教育应该摒弃或者至少减少自上而下的什么是对、什么是错的说教，取而代之，让学生就道德问题进行认真、负责任的思考。

# 小 结

　　我写这本书源于我的一种观念，我认为：当代人格教育没有将发展的视角融入它所提倡的理论和实践中，结果，在回答"究竟什么样的人格教育课程与教学模式对不同水平的学生而言可能是最有效的"问题时，就无法系统地作出有根有据的、深思熟虑的决定。这个有根有据的结论就是：如果教学"符合"学生发展状况的主要特征，它就会是非常成功的。

　　在本章，我指出了两种主要的、综合性的发展心理学说，附带评估了它们对我们思考提升当代人格教育及其实践策略的影响可能作出的贡献。在总结了埃里克森和科尔伯格的研究后，我就他们研究的核心主张如何能指导我们改造当代人格教育、强化其理论和实践作了一些思考。

　　后面几章将整合前面论及的合理批评和本章概述的发展心理学的启示，重新思考人格教育的理论与实践。接下来将呈现的，不是一组具体的、建议性的课程资源和实践，而是一个框架，在我看来，这个框架可以以更为合理、更为有效的方式，帮助我们形成人格教育的思维、选择材料和实践。

# 5. 发展性人格教育理论

在这一章，我要阐述发展性人格教育理论。其后，我会说明发展观怎样影响人格教育教学实践的。

前几章，我展示了当代人格教育的主要拥护者臆想的当代人格教育状况，评价了其优点与不足。这种评价需要我们着眼于提高实践的有效性与实用性，对当代人格教育所面临的批评给予解读。我认为，有一些批评没有什么课程意义，但其他的批评都是合理的，值得纳入当代人格教育理论和实践的改进中来。

此外，我发现，当代人格教育倡导者的一个主要缺点，是没有将发展性视角融入自己的理论和实践。换句话说，当代人格教育的倡导者没有充分或系统地区分自己的实践在教授不同年龄学生时应该有怎样的不同。

所有这些思考，旨在为改变当代人格教育理论与实践设立一个合理的立场。

# 对当代人格教育定义的修正

早在第 1 章中，我就对人格教育含义的模糊性表示过不满。在本质上，许多教师声称自己在进行人格教育的实践，但是对于它究竟是什么，不是什么，却莫衷一是。这种定义上的清晰性和共识的缺乏，给教师、项目评估者、决策者以及普通公众带来了种种问题。

鉴于当代人格教育的定义缺乏广泛的专业共识，我浏览了有关当代人格教育倡导者的文献，考察了他们所捍卫的主要信条以及他们所反对的价值观教育方式的主要特征，得出了如下当代人格教育的操作性定义：

> 人格教育是指任何由学校发起的，通过明确教授可以直接导致良好行为的、非相对主义的价值观，以直接系统地养成年轻人良好行为的教育项目。

当代人格教育倡导者所关注的是，通过教给年轻人社会认可的价值观，直接塑造他们的行为，此定义成功地抓住了这一点。在前几章的论证与分析中，我就人格教育倡导者设想的特定价值观与行为之间的直接联系提出了疑问，同时提出，出于种种原因，人格教育应该全神贯注于促进学生对自己及他人的某些形式的道德和价值观的思考。

通过对当代人格教育的重新定位，增加重要的发展性视角，我们得出了以下发展性人格教育的定义：

> 发展性人格教育是指任何由学校发起的，通过积极影响年轻人的行为，帮助年轻人建立与他人和社会间具有伦理意义的关系，从

而使他们形成对道德和价值观的理解与责任的教育项目。这些教育项目的课程和教学会明确考虑到儿童与青少年间的重要发展性差异。

这个发展性人格教育的定义，从总体上说明了它对当代人格教育进行了怎样的修正和改造。接下来，我会详细阐述发展性人格教育，以便读者可以更为充分地理解它的含义、正当性及其所推崇的教育实践。

到现在我们应该清楚了：发展性人格教育并不想完全取代当代人格教育，但是，它包括了对发展性要素的整合，是对当代人格教育的实质性修正。对当代人格教育的许多观点，我是认可的，比如它认为学校教育必须包括某种形式的价值观教育，公民教育的提升应该是价值观教育的组成部分。根据前几章的内容，我相信读者一定会更加充分地理解发展性人格教育与当代人格教育的契合之处和分野所在。

## 发展性人格教育的目标

与攀登珠穆朗玛峰或赢得篮球赛冠军不同，发展性人格教育的目标，与所有有价值的教育期望一样，实际上不可能得到全面而精确的实现。在塑造思想和行为的努力中，我们的目标不可能百分之百成功地或确定地得以实现。

发展性人格教育的目标是：培养对人类交往中的价值观问题的丰富理解和评价，正确理解和认识道德的极端重要性，促进符合健全的伦理原则的有德性的自治行为。

这个目标的第一部分谈的是对人类交往中的价值观问题的理解。这里的目的是提升学生对价值观的认识、思考、判断能力，以及考察价值观是怎样在各种情境中产生的能力。这是帮助学生理解和分析与他人交往及作为社会成员的道德维度的组成部分。

目标中提及的"丰富理解"，包括提升理解他人观点的能力。学生需要理解他人是怎样感知情境的，他们有什么需求和期望，他们可能会如何受到不同行为的影响。观点理解不仅仅关注另一个个体的观点，而且关注诸如社会群体和一般意义上的社会这类"整体性的他人"（generalized others）的观点。

总目标中的"价值观理解"部分也与行为要素有关。我们的假设是，如果人们不知道价值观是怎样在情境中产生的，我们就不能期望他们作出伦理上负责任的行为。这是做正确的事情要迈出的最起码的第一步。除非他或她认识到该情境需要道德思考和行动，否则我们就不能期望其会尽力做道德上正确的事情。

目标还谈到了对价值观问题的评价。这意味着教师不仅要教学生在情境中出现价值观问题时认识到这些价值观问题，而且要教他们对价值观的意义和决定进行对错好坏的评价。最终，我们希望我们的公民在自身和他人的权利与福祉面临危险时作出合理的判断。作出伦理上正确的决定，不是机械的行为，也不是对某些设定的道德权威要求的不假思索的习惯性服从。作价值判断是一个积极主动的、充满生机的人类事业，需要以审慎的思考、可靠的道德原则的应用为指导才能完成。

理解道德的重要性，是发展性人格教育目标的另一个组成部分。我们希望学生不仅能理解和评价各种道德形态，而且能认识到它对我们所有人的重要性。我们希望学生钦佩那些做正确事情的人，受鼓舞去做正确的事情，希望他们为自己对诸如"我为什么应该做道德上正确的事情"之类根本性问题的回答而自豪。

发展性人格教育目标的最后一个要素，提到了促进有德性的自治行为的形成。这里要强调的是，发展性人格教育关注学生现在和未来的行为，而不只是关注他们对价值观问题的理智思考和言说能力。

自治行为这一概念应该得到重视。这个意义上的道德理论拒斥这样一种观点：道德的本质就是服从某些指定的道德权威的要求。诚如前述，困难情境中的真正道德思想和道德行为，是道德主体对复杂因素进行认真反思的结果。

上述发展性人格教育总目标及其后的详细说明，凸显了这一视角的主要特性。其重点在于，通过培养学生对价值观问题和义务的理解——而不是运用行为的条件反射或者要求他们服从某些道德权威——对他们的行为产生影响。这一重要特性更有可能促进处于新的和/或富有压力的情境中的合理的伦理行为。

## 发展性人格教育的特征

上述对目标的详细阐述让我们对发展性人格教育有了一定的了解。下面我们看一下发展性人格教育如何经受住第 2 章提到的对当代人格教育的实质性批评，这会让我们清楚地了解它的更多特点。为了便于说明，我会将这些批评转变成主要问题，并给出发展性人格教育对这些问题的回答。

发展性人格教育在多大程度上将消极的价值观行为看作政治、社会和经济力量作用的结果，而不是由持有不恰当的价值观导致的个人选择？发展性人格教育倡导者认识到，价值观行为不单纯是环境真空中的个体选择问题，常识和社会科学研究都认为，价值观行为是复杂的情境因素和个人因素在存在多种解决方案的具体情境中相互作用的结果。个人价值观对行为有影响，但不是唯一的决定因素。

我们知道，个人的价值观本身并不直接决定行为。了解了一个人的价值观，并不能预测他或她在任何特定的具体情境中的行为，反之亦然。也就是说，我们对于行为的观察，并不能直接告诉我们在行动中反映出的是何种价值动机。举个极端的例子，设想一下，你看见一个十几岁的男孩扶着一个老太太过马路。我们也许会亲切地微笑，默默称赞这个男孩的关爱与友善。这也许真是他的价值动机。但同时，老太太也许已经对他的帮助给予了某种报酬，因此他是出于自我利益而不是关爱来做出这种行为的。或者，更险恶些，这个男孩可能认为身体的接近会使他更容易偷取老太太的钱包，一旦他们到了不太拥挤的马路对面，他就会逃之夭夭。

知道了价值观行为是由复杂的、有因果关系的因素造成的，这并不意味着我们就知道这些因素究竟是什么，或者它们是怎样相互作用的。我们没有可以用来预测价值观行为的社会科学的多变量公式。道德判断与道德行为之间存在着某种关系，但是这种关系是很微弱的。"我们认为，从道德判断—行为研究中得出的结论是基本准确的；这些研究表明，两者之间存在一致性，但是两者的相关程度很低。"（Rest，1986，p. 161）这对发展性人格教育有诸多的启示。

首先，知道价值观行为是镶嵌在错综复杂的背景中的，并不能使这类行为逃脱我们的道德评价。我们必须把理解某事发生的原因与证明所发生的事情是合理的这两个问题区别开来。在多数情况下，我们可能会像司法体系在处置违法者时所做的那样，公正地要求人们为其行为承担相应的伦理责任。

与此相关，价值观行为常常会受到环境因素的深刻影响，这一事实并不意味着它就应该如此。发展性人格教育的倡导者希望我们察觉到外部压力，但更为重要的是，也要认真思考：在需要道德决定的情境中什么行为是正确的。同伴的压力或环境的压力都试图迫使我们的行为朝向不受欢迎的方向，但是我们不能因为这些压力的存在就可以不负伦理责任。

发展性人格教育吸收了"应该"与"将会"概念的重要伦理区别。两者千万不能混淆。学生知道在某个情境中要做的道德上正确的事情是什么——应该做什么，是一回事；预测一个人在某个情境中可能要做什么——将会做什么，则是另一回事。千万不要以为，在我们确定了要做的正确的事之后，我们就必然会去做正确的事情。知道正确的行为是什么与实际做出这一行为之间是有差异的。发展性人格教育让学生去思考在伦理上正确的行为应该是什么，仔细考虑怎样排除心理或环境因素的阻碍，按照伦理上正确的准则去行动。

有些人格教育的批评者强调政治、社会和经济因素的强大影响，以至于认为进行有关道德责任或者其他任何东西的教育可能是毫无意义的，没有成效的，甚至是愚蠢的。我们要注意这些批评，这在某种程度上有助于理解我们所工作的环境。然而，身为教育者，我们从事学生工作，致力于提供可供每个学生选择的最佳课程与教学方案。我们在种种限制中行动，我们的成功因此会大打折扣；这是不可更改的事实。

发展性人格教育主张，应该让学生反思围绕在实际的或设想的行为周围的社会、政治和经济状况。此外，这还有助于学生更充分地理解行为的背景，突出情景中行为的道德意义，懂得缜密的思考是负责任的行为所需要的。

在与价值观内涵相关的问题上，发展性人格教育的立场是什么？阐明价值观的内涵，可能看起来是一件相当简单的事情，但是就像前面几章所说的那样，这种表面上的简单是有欺骗性的。发展性人格教育意识到了这种复杂性，并在其理论以及课程与教学中认真地对待这种复杂性。

各种形式的显性价值观教育都确定了一个价值观清单，以为其所提出的教育项目提供内容。通常，这些清单中的价值观，有的与其他项目的一样，有些则是某些项目所特有的（Leming，1996）。发展性人格教育所提出的基本价值观，与其他人格教育项目的价值观是相同的或相近的。

　　发展性人格教育的主要价值观是：权威、关怀、平等、公平、诚实、尊重、生命、忠诚、财产权和说真话。关于这个清单，有两个基本的观点要予以说明。首先，其他项目包含其中的一些或全部价值观。而且，不要认为这个清单列出了全部内容，我们还可以增加其他的价值观词语。发展性人格教育与其他项目的不同之处，不在于它所列的价值观，而在于如何对待这些价值观。其次，这些价值观的概括程度是不一样的。例如，尊重的价值可以包括各种不同类型的尊重。相似地，在一些情境中，关怀可以包括礼貌和诚实。而生命价值观就更为具体了，因为它是专门针对生命被剥夺或受到威胁的情境的。

　　当然，罗列这些价值观，并不能说明它们是否有价值。像其他项目中的价值观一样，这个清单有可能真正为普通大众所一致认可，但是这样一种共识本身并不能使这些价值观有价值。共识仅仅意味着，绝大多数公众认为某种东西是好的。然而，多数人也可能会犯道德错误。在某些时期的某些国家，种族清洗或奴隶制被认为在道德上是合理的。但是不管那时多数人可能有过什么主张，那些做法都是不正义的。确定道德主张的对错需要认真的思考和讨论。

　　从发展性人格教育的观点来看，上述价值观是有价值的，它们可以得到证明其合理性所需要的哲学沉思的支持。基于本书的目的，我们不会详细展开证明其价值的哲学论证。然而，在发展性人格教育的实践中，教师通常会要求学生探索这些价值观的价值，而不是不假思索地接受这些价值观。例如，在照看水果摊的小女孩的例子中，应该遵从什么权威？为什么？尽管那个情境中涉及的价值观可以被看作具有普遍价值的，但是，在特定的情境中应不应该维护这些价值观，以及应该如何维护这些价值观？这些仍然是开放性的问题。在这样的情境中，这些价值观应不应该彻底付诸实践？应该如何彻底付诸实践？这是发展性人格教育者提出的让学生进行批判性讨论的问题。

　　就像列出这些一致认可的价值观本身并不能说明它们的价值一样，

列出这些价值观也不能就此认为它们有清晰的定义。我们可以给出词典式的定义，但是这些定义通常缺乏在特定情境中作出判断或决定行动所需要的细节内容。例如，我们可以将诚实界定为真实和真诚，避免欺诈和欺骗的行为。这样的定义就目前来说并没有什么问题，但是它并没有告诉我们一个人为了做到诚实必须要真诚到什么程度。它要求我们如实地告诉人们对某个主题的所有想法和感受吗，还是只是一部分就可以？有没有限度？如果有，这个限度又在哪里呢？我们如何确定这个限度？

我们关于诚实的一般定义并没有限定达到诚实所要求的真实的范围，也没有表明什么时候我们应该诚实。极端地，只要有人直接向我们发问，我们就应该如实回答吗？或者，只要可能，我们都应该自然地表达我们的真实看法吗？

发展性人格教育提供了一系列价值观，并认为这些价值观就目前来说是有价值的。列出这些被认为有价值的价值观，其作用是有限的。这些普通的价值观只为我们提供了进入复杂道德情境的可能性及一些可供分析使用的常用语汇。然而，我们还需要更多的思考和讨论，才能使这些价值观变得清晰，才能恰当地确定它们在具体情境中的适用性。发展性人格教育者认识到了这一点，因而让他们的学生参与到这样的思考中来。

发展性人格教育怎样处理价值观之间的冲突？显然，在发展性人格教育理论中，有关价值观问题的观点是，在需要价值观解决方案的情境中，常常存在着价值冲突。大多数棘手的价值观判断，都出现在两个或两个以上具有普遍价值的价值观相互冲突的情形中。这就是此类判断棘手的原因所在。

发展性人格教育倡导者充分认识到了价值观冲突的现实性，但是他们也意识到，在对这些冲突的承认上，人与人之间是有差异的。成人、青少年和儿童对这些冲突的看法是不同的。但是这并不是说所有成人都有理解价值冲突的同样的能力，只是一般说来，与儿童相比，他们更有可能充分地觉察到这些冲突。

为了进一步阐明上述观点，我们来分析"莎伦困境"这个经典故事（Beyer，1976）。故事的大意是，莎伦与吉尔是非常要好的朋友。在一家百货商店，吉尔试了一件她喜欢的昂贵的毛衣。令莎伦感到惊讶的是，吉尔将这件毛衣穿在她的外套里面，迅速离开了这家商店。商店的保安看到吉尔穿着毛衣逃走了，但是没能拦住她。他看到莎伦和吉尔曾在一起，就在莎伦打算离开商店的时候拦住了她。他叫莎伦告诉他那个偷窃毛衣逃走的女孩的名字。他说，如果莎伦不说出她朋友的名字，她就会有麻烦。

"莎伦困境"通常用于讨论莎伦是否应该将吉尔的名字告诉保安这个问题。然而，在讨论这个问题之前，我们可以问问这个故事涉及哪些价值观。在人们怎样感知故事中牵涉的价值观上，存在着很大的发展性差异。例如，小孩子可能仅仅关注权威价值观，也就是说，他们关心的是偷窃的非法性和商店保安（通常被认为等同于警官）的权力。青少年可能认为其中涉及权威的价值观，但也注意到忠于朋友的价值观的重要性。成人通常会认为，这个故事涉及友谊和权威，但是也考虑到店主的财产权。

人们在察觉困境的棘手程度和解决策略方面，也存在发展性差异。例如，青少年在面对这个故事时通常会感到冲突非常激烈，因为他们常常关注同伴和友谊问题。与此同时，成人通常关注的是故事中法律和财产权的方面，认为它们优先于对朋友的忠诚问题。

由于发展性人格教育倡导者了解并关切不同年龄群体间的根本差异，因此他们很少主观猜测学生知道什么，相信什么，能做什么。发展性视角的课程与教学常常让学生去分析价值观问题，而不是假定他们对"价值观是如何在情境中产生的"或者"应该怎样解决两难困境"拥有共同的理解。

在发展性人格教育中，道德原则有什么作用？与当代人格教育的倡导者不同，发展性人格教育的倡导者意识到，道德原则的正确应用对完全成熟的道德思想和行动来说是非常重要的。对此，我们在第2章和第3章中进行了论证。在很多方面，道德原则对道德思想和行动都是至关重要的。其中发展性人格教育理论强调了两个方面。

第一，道德原则有助于确保价值观以道德上合理的方式被应用。我们已经看到，价值观的意义容易受产生它们的社会背景的影响，诸如忠诚、尊重、诚实之类的价值观，可能被用于犯罪的目的。如果恐怖主义者和匪徒想成为那些犯罪组织的"好"成员的话，他们就要忠于他们的老板，尊重他们，对他们诚实。合理的道德原则规定着这些价值观的意义，使它们服务于有价值的道德目的。例如，一个常被提起的道德原则是：人本身应该被当作目的，而不是达到目的的手段。这个原则告诉我们，为了达到政治目的而忠诚地执行杀人的命令是错误的。这是在把人当作达到目的的手段。

第二，道德原则帮助我们确定在价值观冲突的情境中应该维护哪些价值观。我们已经看到，同样有价值的价值观可能相互冲突。这就产生一个两难困境，因为我们不知道在特定的伦理困境中，相互冲突的价值观中的哪一个应该被优先考虑。例如，有些原则要求我们考虑多数人的利益，而不是某个人或几个人的利益。对此的解释是，我们应该遵守正当的法律，而在多数情况下，正当的法律应该高于个人的忠诚。这一原则会让人得出这样的结论，即在"莎伦困境"中，遵守反对偷窃的法律，在道德上阻止了莎伦保护朋友免于违法后果的愿望。同样，在前一章，我提供了有关两位被试思考海因兹两难困境的简短记录。被试B能够认识到，生命的价值优先于所涉及的其他价值，因为生命是一种基本价值，其他的价值都是由此产生的。

说原则在道德上至关重要，回避了应该赞成哪个或哪些原则的问题。发展性人格教育并没有规定哪个既定的原则是最高的。有些读者可能认为这特别令人沮丧。毕竟，我们怎么能说原则是重要的，然后又不说应该宣扬哪些原则呢？

发展性人格教育之所以不采取任何单一的道德原则立场的原因之一是，尽管道德哲学家们都认为原则是必需的，但是对于哪个既定原则是最高原则却众说纷纭。自有记载的哲学出现以来，有关原则的争论就没有停止过，而且毫无疑问，这种争论还会继续下去。

说尚未确立任何单一的、解决所有伦理困境的最佳道德原则，并不意味着所有关于情境中对与错的争论都是不重要的，也不意味着所有的道德观都具有同样的合理性。懦弱的自利、小团体的忠诚、奴性地服从法律或某个设定的道德权威，这些"原则"都可能侵犯基本的人权，不足以作为道德标准。即便我们不能在解决所有伦理困境的绝对的、永远完备的方案上达成某种哲学共识，仍然会有一些合理性的理由证明我们选择的比其他的选择更好。

发展性人格教育实践处理道德原则问题的一种方法是，让学生思考：为什么他们认为某些伦理判断比其他判断更好？这样做是为了激发年轻人不断地进行道德反思。帮助人们认识到社会生活情境中至关紧要的伦理价值观，并对这些价值观进行严肃而认真的思考，是一项非凡的教育成就。这是我们不应该轻视或认为是理所当然的一点。

## 发展性人格教育理论的要点

诚如我们已经看到的，发展性人格教育理论包括许多要素。

1. 这一理论关于人格教育的定义涵盖了当代人格教育的某些要素，同时对它们进行了修改和补充，以使之包含发展性观念。

2. 发展性人格教育的目标强调理解人格教育的伦理核心的重要性，

也强调自治在完备的道德中的意义。真正有德性的行为是有根有据的思考的结果，而不是不假思索地遵从某些设定的道德权威的要求。

3. 发展性人格教育理论反映了对价值观的精雕细琢的理解。其基本原理非常好地处理了价值观的合理性问题、价值观的定义及其与行为的关系问题。它也意识到，价值观问题是在社会情境中产生的，而这一情境对个人处理这些问题的方式有很大的影响。

4. 发展性人格教育并不回避让学生了解价值观和价值观行为的复杂性，而是让学生思考适合他们自身发展状况的价值观问题。它认为，价值观与行为之间的关系不仅在心理学意义上而且在哲学意义上都是有疑问的；对在合法性上很复杂的问题，它不会给出简单的答案。

## 我们为什么需要发展性人格教育

既然我们确立了发展性人格教育的理论来源和主要结构，就要适当说明一下，为什么其倡导者认为它应该是学校课程的重要组成部分。学校课程中的有限空间是许多教育项目都在争夺的目标，获胜者必须给出有力的证明。

我相信，大家越来越清楚，学校教育必须开始认真对待自己那常常是徒有虚名的角色：把年轻人培养成为富有创造性和责任心的社会成员。虽然这常常被概括性地规定为学校教育特别是公立学校教育的目的，但却很少被当作和学术科目同样重要的任务。这种情况在中学表现得尤为突出。

对学校教育来说，追求培养富有创造性和责任心的公民这样的目标意味着什么呢？当然，这个问题有很多现成的答案，但是毫无疑问，不管怎么回答这个问题，某种形式的价值观教育课程是必不可少的组成部分。奥萨弗和伯科威茨（Althof & Berkowitz, 2006）曾经作了认真的论证，表明任何理念下的公民教育都要将人格教育作为一个重要组成部分。

　　既然价值观问题的处理必然会成为学校教育的公民培养使命的一部分，那么什么样的处理方案是考虑得最周全、最值得支持的呢？出于各种原因，我认为发展性人格教育是最佳的备选答案。

　　发展性人格教育旨在对学生与学生、学生与群体、学生与社会的交往产生明确的影响，其核心是促进有责任、有思想、有根据的伦理思维和行为的发展。

　　发展性人格教育让学生认真反思价值观的内涵及价值观与行为的恰当关系，这是与教育的智力目标相一致的，更是文学研究和社会研究必不可少的组成部分。发展性人格教育不向学生灌输令人困惑的问题的简单的、臆想的正确答案。

　　发展性人格教育认为，价值观问题的表述方式应该根据学生的成熟状况而有所变化，这是发展性人格教育的独到见解。适合小孩子的东西对大孩子来说可能是没有用的，反之亦然。为了更有成效，就像我们在课程设计中要考虑学生的不同阅读能力一样，价值观教育的课程和教学必须与学生的发展性差异相适应。

　　发展性人格教育认为，学校教育要正确对待价值观问题，这并非是流行一时的教育时尚。当代人格教育的支持者强调，他们的课程是对年轻人高频率的破坏性行为的必要回应，可以设想，如果这样的行为消失了，那么也就不需要人格教育了。发展性人格教育却认为，培养公民对价值观问题的深思熟虑，是健康而公正的社会永远必须要做的事。发展性人格教育不是对当下高频率破坏性行为的回应。

# 6. 发展性人格教育的实践

在前面几章，我描述了人格教育领域的状况，并提出发展性人格教育应该是这一领域里一道亮丽的风景线。关于这一点，我已经进行了心理学、基本理论及哲学上的分析，并阐述了发展性人格教育理论，说明了为什么其概念和基本理论能够克服当代人格教育的不足。我也提出，发展性人格教育为我们年轻人的价值观教育课程的形成提供了最好的基础。这里，我将更详细地论述发展性人格教育的实践，为教师提供一些可资利用的指导和建议，以供其在选择适合于自己学生的课程与教学，修正当下的教学资源与实践，或者开发新的课程时使用。

本章后面的部分，还从发展的视角提出了一些有关人格教育的内容与方法的看法。我所提的只是一些倾向性的建议，以期为那些希望把人格教育发展成一个合理的、有效的教育项目的教师和课程开发者的思考提供一些想法和指引。

# 发展性课程的内容

人格教育的教师必须针对自己学生的情况决定使用什么样的资料开展人格教育。在选择与开发课程时，所有的教师都会对阅读水平、概念难度及其他因素进行与学生年龄有关的判断。考虑年龄因素当然是中肯的，我们很快会从发展的视角谈到这一点，还会谈到一些与此相关的问题。但必须注意的是，我们对所有这些问题的回答都是有根据的专业判断（像许多教育决策一样），而不是自然科学、实验科学研究的结果。还需要注意的是，前面所提出的宽泛的发展性人格教育框架中没有提及个体学生的详细品格特征，而只是为不同教育水平的课程内容提供了一个大致的边界。

这里的核心问题是：课程中的这些价值观问题是否得到了适当的开发？

我们需要对当前的，或者是所建议的人格教育课程中的价值观话题作一个评估，以确定其对多数学生发展状况的适用性。如本书第 4 章中所提到的，这些发展性问题不能只是学生口头上公开说的问题，而必须确定它们是处于某一个发展阶段的学生中普遍存在的问题。进行课程诊断就是要看这些价值观问题对学生是否具有吸引力，是否与发展性相关，或者是否远离学生的经验与需要。这并不是说所选择的问题学生一定会喜欢或者乐于探究，而是我们想要学生说一下这些问题对他们是否有吸引力，比如，在学校生活非正式的、非教学时间，学生彼此之间应该怎样相处。

## 小　学

非常适合小学生的价值观问题或者话题包括如下六点。

1. 课程要包括让学生给价值观下定义。学生已经听到过很多价值观方面的训诫，如按告诉你的那样去做，相互之间要友好，说真话，努力工作……然而，情况常常是，没有人教他们在课堂上花时间将这些日常训诫与价值观联系起来。实际上，我们希望课堂教学要开始教学生关于价值观方面的词汇。

教价值观词汇是帮助学生学会感知价值观情境这一教学目标的一部分。在一个人格教育课程的评价研究项目中，莱明（Leming，2000）发现，儿童可以很有效地学习价值观词汇。实验组的孩子们学了哈特伍德（Heartwood）人格教育课程中的 14 课，涉及 7 种价值观（Heartwood Institute，1992）。结果发现，实验组比对照组的学生能够更精确地定义如诚实和尊重这些价值观，并且能够正确地在句子中使用这些词汇。

2. 课程应该包括让学生识别虚构与真实情境中的价值观问题。简单地识别应该包括让学生阅读，或者告诉学生有人在践行某种价值观。比如，一个保姆问一个小孩他是否想在睡觉前吃点糖。这个孩子告诉保姆他的妈妈不让他在睡觉前吃糖。在这个例子中，学生应该能够看出，孩子所说是一个诚实的例子。也可以举相反的例子。比如，孩子睡觉前要糖吃，说他的妈妈总是在睡觉前给他糖吃，虽然妈妈并没有那样做。在这里，撒谎就成了一个人不诚实的例子。

3. 除了定义和识别价值观，还要让学生用自己的话来解释为什么这些价值观是有价值的。比如，就诚实而言，当学生掌握了诚实的定义，也能够比较熟练地鉴别出案例中所包含的诚实的价值观，人格教育课程应该让他们回答为什么诚实是一件好事。这是鼓励学生践行核心道德价值观的人格教育总任务的组成部分。

让学生讲述诚实为什么是好的价值观的原因，从发展的角度而言是恰当的。从道德发展的观点看，这样做可以让孩子开始明白理性是作决定的一个重要组成部分。而且，对诚实的理解显然与埃里克森的信任与怀疑的问题相关，这对儿童是很重要的。认识到自己被成人诚实地对待，有助于儿童养成对成人的信任感。

4. 小学阶段的人格教育课程常常具有儿童文学的特点。这样的儿童文学常常会被用来向儿童展示真实或虚构人物的良好价值观行为（Bennett，1996）。

好的文学作品也会为孩子创造很多思考道德问题的情境。文学作品为孩子们提供了识别价值观的案例，也为孩子们提供了开始发现和讨论道德问题的机会。

神话故事和其他儿童文学形式中的人物常常会遇到要进行价值决断的情境。例如，他们可能违背权威，误解别人或者对别人撒谎，抢占别人的财物，等等。课程要利用这些故事让孩子们谈谈这些人是否作了正确的决定，为什么这些决定是对的或者是不对的。

道德认知发展主义已经证明，儿童在进行伦理判断的时候，会考虑惩罚、权威、自我利益，在某种程度上，也会受同伴观点的影响。供孩子们讨论的道德故事中要涵盖（或者部分涵盖）与这些问题相关的一些信息，这样就为孩子们提供了用于思考的内容。比如，如果用了"向保姆撒谎"的故事，故事内容中应该包括：如果孩子在睡觉前吃了糖果，妈妈会采取什么样的惩罚措施，为什么妈妈会制定不许吃糖果的禁令，也许还有孩子有多么喜爱故事中说到的那种糖果。

5. 也要给孩子们机会去思考自己和他人的行为中如何使用了价值观，这一点适用于小学阶段，但当然不限于这个阶段。比如，当我们讨论礼貌时，可以要求孩子们讲出一些人们如何尊敬他人或者自己践行尊重的例子，也可以讲一些不尊敬别人的例子。课程要帮助学生不仅思考别人的价值观行为，也思考自己的价值观行为。

另一个有益的练习是让孩子们，一个或者一组，想象一个理想的、学生们相互之间能恰当对待的学校。他们要解释学校生活的一天中，包括课间休息的时候和吃午饭的时候，在学校和班级中发生的事情。每个学生，或者每组学生都要解释为什么他们所设想的是最理想的，其中学生和成人展示了什么样的价值观。然后学生们审视自己所在的学校和班级，说说自己现在的班级和学校在哪些方面具有理想学校和班级的特点。要达到理想的学校和班级的目标，人们的行为需要有所改进，让学生们说说如何能够实现这些改进，也许他们会提出一些可以供教师和校长考虑的措施。

6. 课程中所使用的故事也应该包含详细的人物特点和价值观念的信息，以促使学生明确自己对故事中发生的事情的看法。我们所说的发展性人格教育实践的一部分要求学生认识到故事情境中所有人的观点，为此必须为小学生提供足够的信息以使这些活动得以进行。

从发展的观点看，儿童是典型的具体形象思维者。因此，故事中所讨论的人物的思想、情感应该表达得非常清楚。与青少年和成人相比，儿童想象他人观点的能力还是非常有限的。

总之，可以向孩子们介绍的价值观问题和主题包括：（1）给价值观命名和下定义；（2）能够识别出真实或者想象情境中的价值观；（3）举例说明一些价值观为什么是有价值的；（4）思考价值观行为是正确的还是错误的；（5）反思价值观是如何在自己生活中运行的；（6）识别和描述他人的价值观。

**初中和高中**

在青少年早期和晚期，会凸显出另外一些价值观问题和主题。

1. 课程应该给学生提供在哲学意义上辨别道德问题与非道德问题的机会。概括而言，道德价值观问题影响他人的权利和福祉，诸如生命和自由问题就属于此类。而非道德价值观问题是我们对于不影响他人基本权利的事情的好与坏的看法，例如，我们对食物、娱乐、艺术等的偏好问题，这些也反映我们的价值判断，但却是非道德价值观问题。

道德与非道德价值观问题之间有一系列的区别。总的区分原则是，我们希望道德决定是深思熟虑的、仔细的，道德问题是值得我们认真考虑、判断的重大事情。一般说来，我们认为非道德价值观问题对人类的基本权利影响较小或者没有影响，不用像道德问题那样加以认真对待。一个喜欢看电影情景喜剧的人可能会与另一个喜欢看戏剧的人发生激烈的讨论，但这跟人们对死刑的看法比，其意义要小一些。史蒂文·平克尔（Steven Pinker，2008）这样讲：

> 例如，禁止强奸和谋杀让人感觉不是一个地方习俗的问题，而是一个普遍和客观的禁令。一个人可以很轻松地说："我不喜欢甘蓝菜，但我并不介意你吃甘蓝。"但没有人会说："我不喜欢杀人，但我不在意你去谋杀。"（p. 34）

道德与非道德的区分不是很严格，也常有界限模糊需要分析的情况，但是在通常的语境中很少区分两者。青少年、成人也常常会为非道德价值观问题，如音乐、电影、流行时尚等，进行激烈的、动情的辩论，其激烈程度不亚于那些诸如限制言论自由或者财产权政策的道德价值观问题讨论。

在道德与非道德价值观问题的讨论可以同样激烈的情况下，发展性人格教育课程要帮助学生对两者进行区分。而且，课程应该主要让学生参与讨论道德价值观问题，而不是非道德价值观问题。显然，在我们作为公民如何就道德价值观问题作出决定中，包含着严肃的人文意义，学生在面对这些问题时，应该能够识别这些问题，并对其给予应有的高度注意。道德辩论常常是富有激情的，但富有激情的言论本身并不是道德思考。

课程在对价值观问题开展辩论前，要给学生一个分析问题的机会。在分析讨论中，首先在讨论要作出的决定本身的正确与错误。要注意引导学生确定情境中关键的核心价值观，明确不同决定会对人们产生的后果。例如，在海因兹两难故事中，学生们在考虑法律反对偷盗以及海因兹妻子的生命权的同时，也应该能够指出这里涉及药剂师的财产权问题。

2. 课程应该让学生参与对各种情境中价值观问题的识别，这些情境可以包括国际的、国内的、州的、地方的以及学校的问题。这可以有很多种方式，但课程应该引导学生积极参与反思他们生活中的社会、经济、政治的现实问题。学生应该在教师的帮助下开展这些问题的讨论，而且教师尽量不要告诉学生其中包含什么样的价值观问题。随着学生年龄和独立性的增长，他们需要在没有教师指导的情况下，知道自己遇到了价值观问题，以及解决这些问题的关键所在。

除了要鉴别各种情境中的价值观问题，课程也要保证学生能够认识到更大范围的价值观问题。发现与言论自由或人的生命权相关的价值观问题相对而言是比较容易的，但是学生也要能够识别其他的价值观问题，因而，课程中也应该包括诸如平等、诚实、忠诚、财产权、尊重、权威等价值观的情境。例如，如果一个人在一个社区有一大块地，他可能打算用这些地来盖些房子。反对者可能因为这会影响小区的环境和生活质量而提出异议。从分析来看，这是一个包括诸如财产权、尊重和权威等价值观的情境。教师可能希望修改原始问题，来看看学生是否会因此改变原来的看法，如指出这是为了低收入家庭的发展。

3. 绝大多数青少年的认识发展水平，已经达到了理解一个具体情境中包含有多元价值观的程度。从发展的角度而言，学生已经适合于分析讨论日益复杂的包含价值冲突的两难故事，因而，课程中应该多提供这样的讨论机会。

识别和讨论道德原则的关键时期，是学生对包含有冲突的价值观情境感到纠结的时候。课程要注意利用这样的情境开展有关道德原则的思考，应该让学生找到他们发现的最正当的与最不堪一击的解决办法背后所隐藏的普遍观点和道德原则。

除了虚构的两难故事，课程还应该让学生思考真实生活中的两难故事。这些故事可以是学生已经找到的，如在上面第2点中提到的，或者是教师选择的、与学术课程的学习相一致的故事。比如，在讨论与移民相关的问题时，历史教师可以选择与移民相关的两难故事（Lockwood & Harris，1985），当然，英语教师在处理多元价值观问题时，也可以利用虚构的或非虚构的文学作品。

4. 课程还应该为学生提供让学生理解各种人、各种角色的观点的情境。另一个人如何看待、思考和感受某个情境，他决定的结果对自己产生了怎样的影响？这些核心问题，可以与适当儿童的情况相比照，进行很大的拓展。

青少年非常关心同侪关系，对他们而言想象同伴群体的观点是很容易的。然而，观点理解的视角要求扩展到其他人，包括父母、兄弟姐妹、自己所属同伴群体以外的青少年、教师、社区中的其他成人，以及具有不同种族背景和经济地位的人。还应该要求学生能够理解自己不认识的其他人的观点，以及自己所属群体的其他群体成员的观点，在地理意义上与自己距离遥远的人群的观点。比如，学生也许会问，为什么很多中东地区的人好像很恨美国人。可以给学生设计一些活动，引导他们试着理解这些"他者"的观点。当然，理解为什么会存在这种怨恨，与证明它是合理的是有区别的。

课程不仅要为学生提供理解他人观点的机会，也要提供让这些设想变成现实的必要信息。要为学生提供有关他人的信息，这样学生就不会把每个他人想成是与自己一样的、对某些事件有与自己相同的看法和感情了。

5. 课程必须明确：理解别人的观点与赞同别人的观点之间有着天壤之别。从发展性人格教育的立场而言，合理的道德判断要认真地对待其他人。为此，学生要洞察他人的观点，观察不同决定带来的后果会给他们造成怎样的影响。

成熟的道德主体会理解别人的观点，但他或她可能不会认为这些观点从伦理意义而言是重要的或者正当的，这些观点可能是，也可能不是正当的。人们常犯的错误是把理解与认为正当混为一谈，有一些人把对他者和他者文化的充分理解等同于认为其在道德上正当，然而它们可能是正当的，也可能不是正当的。举个极端的例子，一个人可能会研究为什么在一些文化中存在着杀婴行为，但对这一行为的理解不同于确定它在道德上是否合理。对他人进行伦理判断，完全不同于寻求一些有助于我们理解他人的信息。

6. 在进行价值观问题思考的时候，课程必须给学生提供一些活动，以让他们思考他们自己过去或者未来与价值观有关的行为。道德思考——考量一个人过去或者可能的行为的正确或错误——是发展性人格教育的核心部分。

课程要让学生讨论很多与价值观相关的"应该话题"，也就是讨论他人所做的事是否是他本来应该做的，或者是在当下以及未来的情境中应该做的。课程也应该让学生讨论一些"愿意话题"，也就是充分考虑一个人已经做的，或者是在将来的某种特殊情况下愿意做的事。比如，学生可以想象，如果自己是莎伦，自己是否应该说出从商场偷了毛衣的朋友的名字。他们可以讨论他们认为自己愿意做什么，以及他们认为自己应该做什么。

这里非常重要的一点是，学生将他们的应该问题和愿意问题放在这样一个思路下来考虑，即他们考虑的不但是他们愿意做什么的心理问题，而且也是他们应该做什么的道德问题。理想的结果是：用他们的应该指导他们的愿意，目标是让学生理解、认同和去做正确的事。

7. 从发展性的角度而言，课程中为青少年提出的适当的价值观问题情境，应该包括与同伴群体相关的一些问题，如与友谊、处理同伴压力、加入社团组织的压力等相关的道德义务。这些问题对处于青少年早期和晚期的学生都特别重要。

大龄青少年可以涉及一些与自己或他人工作相关的情境中出现的价值观问题，以及未来职业选择和前景方面的价值观问题，内容也应该关涉公民价值观问题和成为某个社区成员后可能遇到的其他问题。

8. 相对于小学的典型情况，青少年人格教育课程的内容受到更多制度化的限制。至少要注意两个方面。其一，中学特别是高中教师，不喜欢把自己看作人格教育的教师。他们所受的教育，所获得的教师资格，受聘用的原因，以及他们个人，都更倾向于看重自己的学科教学，因而可以理解，这些教师会将自己的精力集中在学科专业教学上；其二，学校生活是按照学科领域安排课程的，很少会给非学术教育目的分配时间，即使这些目的被认为是有价值的。

重视学业标准和考试，学校经费拨款与考试结果挂钩，都加剧了这些制度性限制。教师和其他教职员工越来越被迫专注于可能会测试的内容，教学生怎么考试。当前的联邦法律规定依据学生测试的成绩对学校进行官方评价，这就进一步强化了对学业的重视。不管应不应该，学生人格发展方面的内容都没有作为学校教育评价的组成部分被测试。

对于人格教育的倡导者而言，这些限制虽然有很大的挑战性，但也并非不可克服。因为，其一，以往和最近的研究都表明学业成绩和美好人格的提升是学校教育的互补性目标，两者共同提升了学生的教育素养（Berman，2004；Wynne & Walderg，1985/1986）。有一些中学，在学生的学业成绩和人格养成方面都做得很有成效（Berman，1997；Lickona & Davis，2005）。

一个不错的做法是将人格教育内容与学科教学的内容联系起来。这并不是要张冠李戴，或者搞"一刀切"。大多数学科内容本身就包含有价值观问题，对这些问题的分析和讨论在丰富学生对学科内容的理解的同时，也有助于学生人格的发展。对此已经有过不少阐述（Ryan，1993；Simon，2001）。

总之，应该作为青少年发展性人格教育课程组成部分的价值观问题及相关主题包括：（1）理解并区分道德价值观与非道德价值观；（2）辨认在广泛情境中存在的各种价值观问题；（3）识别存在价值观冲突的情境，讨论应该如何解决这些冲突，以及这些解决策略的指导原则是什么；（4）理解多种价值观，并对其进行评价；（5）反省用以评价自己及他人行为的是非观；（6）在同伴关系以及当下与未来的工作和公民生活情境中可能出现的价值观问题；（7）学科教学中存在的价值观问题。

# 发展性教学实践

在前面一部分，我们详细讨论了对处于不同发展水平的学生来说应该是重要的和有吸引力的价值观主题。这一部分，我要谈谈适用于不同发展水平学生的有效教学策略。和对价值观主题一样，对教学策略我也无法详尽阐述其具体细节，我们的目的只是为鼓励教师改善当前的教学策略，或者进行一些新的尝试提些建议。经验丰富、技术娴熟的教师乐于评价和采纳不同的意见，不需要亦步亦趋的方法指南，他们往往不喜欢别人指手画脚。

这里所谈的都是些旨在让学生能够沉浸于学习之中的方法。我们不讨论诸如演讲这类说教式的方式，但这并不是要完全否定说教方法在发展性人格教育中的使用，它们可以用于为学生提供人格教育类主题的相关材料。在发展性人格教育中占主导地位的是促进学生积极学习的方法，因为，在最后的分析中，学生要亲自对重要的价值观问题作出决定。他们要评价情境，考虑和评估行为选择，决定采取什么样的行为。在发展性人格教育中，不会，也不应该有道德权威严密监视并指示学生什么是需要做的正确的事情。

下列教育活动以方法的方式进行组织。我们前面曾讲到，就发展性人格教育的主题而言，有些更适合儿童而不是青少年，不同于此，就方法而言，类似的方法适用于所有发展水平的学生，比如，讨论的方法适用于所有学生。发展的视角能够为我们提供指导，使这些方法成为适用于不同发展水平孩子的最有效的方法。

## 角色扮演

这种方法让学生设想一个真实的或者虚构的人物形象，学生扮作这些人，以他们在真实或者想象的情境中可能的方式行事。我们会看到，角色扮演可以实现人格教育的很多目的。

角色扮演有点像照本宣科（学生要说的话、要做的事都是事先设计好的，要与故事情节的展开一致），或者或多或少地是临场发挥（学生得知有关人物信仰、个性等的有关信息，然后依据自己认为人物在那些情境中会采取的行为方式去行事）。我说或多或少，是因为，比如，这个剧本可能是非常详细的，也可能是非常简单的，同样，对于要刻画的这个人物，可能提供了大量的有关信息，也可能只是描述了几个特征。

对小学生而言，角色扮演表演的时间应该相对短些。这一部分是由于表演是给班级同学看的，而看演出的同学的注意力可能很快会转移到别处，不能太持久。作为总的规则，根据教学目标的需要，角色剧应该更多地而不是更少地依据脚本进行，如果是临场发挥的话，要有更多的控制，而不是自由。

对这些孩子而言，角色扮演可以为发展性人格教育的很多目标服务。比如：学生可能需要花些时间来给诚实、尊重、财产权、公平等一些基本的价值观下定义；可以选一组学生来表演包括这些价值观的剧目；可以让一个学生来解释有或者没有以价值观为基础的行为的基本内涵；看演出的同学要识别出其中包含了什么价值观，这些价值观是怎样刻画的；观众还可以讨论表演这些价值观的其他方式，或者，是否有表演得不尽如人意的地方，人物本来可以怎么样来表现有关这个价值观的积极行为。这是通过角色扮演来达到帮助学生识别价值观，思考其在行为中的表现的教学目标。

小学阶段孩子的另一种角色扮演的形式，是为含有价值观决定的故事续写结尾。全班听或者读一个故事，故事的主人公面临着进行价值观决定的情境——如，要不要说真话。可以选一个小组的学生来表演一下故事中的人物和各种可能的选择及其带来的相应后果。其他当观众的同学可以讨论人物所选择的行为包含的价值观，这些结果是否可能实现以及是否还有其他可能的结果。这可以让学生思考价值观是如何影响决定的，以及它们可能造成什么样的后果。

发展性人格教育的目的之一是提高学生理解他人价值观的能力。角色扮演可用以达成这一目的。选一些学生来表演一些故事，不要严格的剧本，每个人扮演一个处境不同的角色，比如，可以是一名新生、一名教师、一名警官、一位家长，等等。按剧情表演完后，学生可以讨论从另一个人物的角度看这些情境是什么样的，观众也可以讨论他们对人物可能有的价值观的看法。

对从早期到晚期的整个青少年时期，角色扮演都可以成为达成发展性人格教育目标的有效方式。相比于小学阶段的学生，教师可以延长这些中学生表演的时间。对这些大一点的学生而言，有组织的即席表演效果也更好，因为他们有更多的可以用于人物塑造的经验。有效的角色扮演要求教师在全班建立一种信任的关系，这样学生们就不会嘲笑别人的表演。

对青少年而言，包含价值观冲突情境的角色扮演是有效的，因而，可以选择一些包含多元价值观冲突的道德两难故事来进行表演。例如，学生可以就前面讲过的莎伦的两难故事来进行角色扮演。在这些故事中，或者由人物作出决定，或者故事在需要作出决定的节点上戛然而止。在这两种情况下，观众都要讨论所作出的决定，有哪些摇摆不定的价值观，以及这些决定是否合适。如果故事停止在要作出决定的节点上，观众可以讨论他们认为最好的决定是什么，为什么。

角色扮演的剧情可以由教师设定，也可以从所学学科中选编。学习历史的学生可以扮演杜鲁门总统考虑是否在日本投放原子弹问题时的顾问；学习文学的学生可以扮演理查德·赖特①（Richard Wright，1996）以及当他决定是否参与欺骗阴谋时围绕在他身边的青少年和成人；就青少年而言，也适合设计一些包含当代工作场景、商务活动场景以及高等教育和军事题材的剧目。

角色扮演的剧目可以由教师设定，也可以由学生来创造。可以把写一个小短剧的任务交给一个小组的学生，让他们来创造一个包含人物的价值两难选择的故事。可以要求他们描写一个涉及同龄人、成人或者权威人士的典型的青少年问题，然后可以由这些写作者亲自表演这些故事，也可以让其他组的学生来表演。

青少年认知水平的发展使他们可以思考特定情境中的诸多因素，这就使我们在青少年的角色扮演活动中思考多元价值观问题成为可能。角色扮演可以在这方面发挥很好的作用。在一个有很多人物的角色扮演剧目中，可以要求观众描述、评价演员所表演的不同的价值观，也应该要求表演者本人说一说，从自己所扮演的角色的立场看人物所处情境时的想法和感受。

让不同小组的学生来表演同一个剧目，也是非常有趣和有帮助的。例如，可以组织2—3个小组的学生来演同一个剧目。在策划自己的演出时，各组之间相互隔离，这样他们事先就不能知道他们的同伴要如何表演这个剧目。在表演完后，让学生们讨论他们在问题刻画上的相似点和不同点。

## 写作文

出于各式各样的教育目的，各个年龄阶段的学生都会有一些写作的

---

① 理查德·赖特（1908—1960），美国黑人作家，其代表作长篇小说《土生子》曾被改编为戏剧，在百老汇上演，并拍成电影，对美国黑人文学产生了重要影响。他曾是美国共产党员，美国左翼文学的代表人物。

任务，这些作文也有助于人格教育目标的实现。写作文除了其本身就是一种人格教育的方式外，也可以用作很多种人格教育活动之后的反思活动。

小学低年级的学生除了几个句子外，不可能写太多东西，与其让他们写一篇作文，不如要求他们按照任务将自己的回答画下来。教师是决定作文要达到的水平的最佳人选。当然，年龄大些的学生能够写连贯的句子和段落。

可以要求学生画出或者写下具体的价值观的内涵，这样学生就会用他们自己的作品来解释价值观的含义。比如，可以要求他们举一些诚实的例子，然后学生们就可以讨论他们在价值观刻画中的相同点和不同点。

可以要求学生们记一段时间的日记。比如，要求他们记下一些他们看到或遇到的遵守或者违背了某些价值观的事例，要描述反映或者本应该反映某些价值观的行为，也要描述一下他们对此情境的反应。教师可以与学生单独讨论这些日记，也可以让学生把这些日记交给小组讨论。

如果要公开讨论的话，情境中人物的名字要改一下，或者采取其他有效的方法以保护其身份。年龄小的学生特别愿意服从教师的权威，很少会反对分享他们的日记和其他信息。在要公开日记和其他体验的时候，对要呈现给大家的内容，教师一定要灵活掌握，千万不能让教室成为威胁或者侵犯学生及他人隐私权的场所。

可以要求学生写一个他们读过的或者听过的故事。他们可以写下自己对某人价值观行为的观点，或者，如果故事在要作出决定的节点上停止了，写下他们认为应该作什么决定。年龄大些的学生可以与同伴结对分享自己的作文，找到他们所写的作文的相同点和不同点，然后把这些向全班报告，教师可以在黑板上记下这些相同点和不同点，也可以接着进行小组讨论。此外，小组内也可以思考为什么会存在这些相同点和不同点。

上面提到的这些活动也可以适当修改，以便用于观点理解的教育目的，要求学生描述故事中不同人物在相同情境中的思想与感受。

写作文也是帮助学生思考他们行为的有效方式，可以要求学生描述自己践行或者没有践行某些具体价值观的情境，尽可能要求学生讲述他们采取当时的行为方式的原因、自己当时的感受、对他人的影响，以及他们是否还愿意那样做。一条总规则是，这种类型的活动仅限教师知道，或者是在教师与个别学生之间开展对话。可以理解，学生不愿意在同伴面前讲述这类事情。如上所述，在这类活动中，必须注意保护参与各方的隐私权。

在从早期到晚期的整个青少年时期中，写作文的方式可以有效地服务于青少年发展性人格教育的目的。学生们可以检视发生在学校、地方、国家或者世界范围内的，富含价值观的当代问题，然后，他们单独或者与另一个人一起，写一个评论，表达他们对这一价值观问题的看法。可以将自己的评论与同学所写的评论进行对比或对照，全班可以选择一篇或者多篇投往当地的报纸或校报。

上文提到的写日记的方式可以稍作调整以用于高中学生。日记可以用来记录学生遇到的与价值观相关的一些事例，也可以建设性地用于要求学生记录自己作价值观决定的事例，报告自己所作的决定，分析其中所涉及的价值观，解释决定中隐含的思维方式。教师应要求学生们对自己的决定进行评估：那个决定正确吗？自己还有其他选择吗？自己还愿意再这样做吗？

创造性写作也为人格教育提供了很多的可能。学生可以写一个电影或电视剧本，剧中的人物面临价值观问题，学生要用适用于戏剧或喜剧表演的方式去处理这些问题。然后可以让学生来表演这个剧本，还可以将表演做成录像带。然后要求观众写一个对表演的评论，主题是这些价值观问题的现实性以及他们对剧中呈现的解决问题方式的评价。

另一种对青少年早期的孩子特别有效的创造性写作是写儿童故事。

就是要求学生单独、结对或者分小组写一个故事，用以教小孩子一些重要的价值观，诸如为什么要诚实、尊重别人，如何做到这些等，学生也可以为故事配些插图，然后把这个书交给本学区小学段的教师，供其使用或者给予评价。如果学生参加了跨年龄段的教育活动，也可以把这本书用作他们的阅读和讨论材料。

在模拟审判课后，也可以要求学生写点回应性的东西。审判的案件可以是与价值观密切相关的虚构事例，也可以是历史事实，或者当前一些有争议的事件。学生分成原告组和被告组，要准备为自己的价值观立场辩护的证据，学生法官必须作出裁决，但是，在宣判前，每个陪审团成员都要写下自己对这个案件的意见。总体而言，让学生在开展讨论前写下自己的想法比较合适，这有助于保证每个学生进行独立思考，而不是简单地同意某个主导同学（dominant peer）的意见。

也可以使用网络来完成与人格教育相关的写作任务。在一些学校，越来越多的班级正在通过互联网与美国国内其他地区以及世界各地的同龄人建立联系。每个班级教师都可以精心策划全班关于价值观问题的讨论，有其他学校网络笔友（Internet penpals）的同学，也可以一对一地讨论他们认为对自己非常重要的价值观问题。这些写作任务可以使价值观问题成为青少年思考的重点问题。

**讨　论**

讨论是发展性人格教育的主要课堂活动。课堂讨论可以让学生聆听他人的观点，表达自己的观点，反思一些看法，认真思考新涌现出的社会学领域、哲学领域的价值观理论，以及如何用其指导人类的行为。对有效讨论的指导要求教师具有一定程度的专业水平，不幸的是，在我的经验中，这些技能在教师教育课程中常常不受重视。

由于这不是一本指导策略类的教科书，我在这里就不针对如何最好地开展讨论提供详细的建议。但是，我想谈一些引导各年级有效讨论的总体意见。

1. 明确讨论目的。通过讨论可以达成很多教育目的。任何一堂讨论课，教师和学生对教学目标都要很清楚，至少，目标可以为我们确定哪些是对讨论有价值的东西提供一个标准。比如，如果目的是设想一个价值观情境中各方的观点，那么，如何解决这个问题的个人观点就是与主题不相关的。

2. 不要认为学生知道怎样进行有效的讨论。除了要有明确的目的，教师也要知道好的讨论所具备的特征。这些特征包括：讲话要围绕主题，认真倾听别人的发言，不打断别人，等等。这些都需要和学生进行清楚的沟通。多数学生，不管是小孩子还是年龄稍大些的青少年，都不会自动地参与有效的讨论，必须教会他们怎么去做这些事，使用录像带是评价讨论的弱点和优点的很好的方法。肯花时间来教如何开展讨论的老师，他的学生将来开展讨论的质量才会高。

3. 记录讨论中的重要观点。可以通过高架投影仪或者在黑板上记录的方式记下学生讨论中的重要观点，要用学生自己的语言，不能用讲究的教师的话语。记录讨论中的观点的做法，有助于让学生清楚这些话是很重要的。用学生自己的话来作记录，表明学生们的观点很有价值，受到了认真的对待。

4. 在讨论道德两难问题的时候，要注意区分"应该"和"愿意"。"应该"问题的讨论涉及学生对所思考或所作出决定的正确与错误的判断；"愿意"问题的讨论涉及学生对自己及他人在一定情境中的意愿的思考。这些都是很有价值的讨论主题，但不应混淆，因为它们需要不同的思维形式，弄清了一个不等于也弄清了另一个。

5. 注意变换讨论的形式。全班讨论虽然很有效率，但是总有一些学生不愿意参加；小组讨论的形式比全班形式更有助于重要问题的讨论。给小组中的每个成员分配一个角色（促进者、记录者等），以确保讨论有序进行；给讨论小组明确的讨论任务，比如，要求他们识别某个重要问题的两个有利证据、两个不利证据。

另一种讨论形式常常被称作"鱼缸"讨论。大概一半的学生在教室中间围成一圈，在他们讨论某个重要问题的时候，观众一边观察他们的讨论，一边完成一个任务。如，要求观众找出他们听到的最有利的论据和最苍白的证论，并说明他们为什么作出这样的判断。

"鱼缸"讨论的一种变式是观众可以作为顾问，一个讨论者与一个观众/顾问结为对子。顾问的工作是为伙伴想一些讨论中用于增强自己的论证或者挑战其他讨论者的事例。教师可以间歇性地中断讨论，以给顾问与自己的伙伴交流的时间。

教师可以创造出多种讨论的形式，有些已出版的书籍对策划讨论也很有帮助（Henning，2008；Marker，2003；Simon，2001）。

6. 讨论要有结尾。讨论不应该只是在学生们的意见达成一致时就结束，或者下课铃一响就结束，教师应该在最后安排一个教育性总结的时间。对于多数讨论的话题，教师不要勉强在组内形成强制性的一致意见。教师可以概要地列出讨论中的主要观点，或者让学生来概括，也可以要求学生说出在讨论中学到的东西，找出讨论中出现的他们以前没有听说或者没有想到的一些观点或证据。总结活动有助于学生认识到讨论不光是晒晒观点，而是有促进思想性反思的更深刻的教育意义。

教师常常困惑：自己是否，或者在什么情况下，应该表达自己对所讨论问题的看法。对这个问题，没有固定答案。不管教师决定怎么处理这个问题，他或她必须确保没有取消学生们讨论这个问题的机会。如果教师决定表达自己的观点，他或她必须很清楚这样做的理由。教师可以在讨论中扮演很多角色，如主持人、促进者或法官。对于这些角色笔者（Lockwood，1996）曾作过讨论，并解释了扮演这些角色的根本理由。

7. 还有一些对人格教育很有价值的课外活动。社区服务、体验学习和实地考察活动都可以关注价值观问题。例如，孩子参观老年人福利院，可以为其进行了解居民价值观的访谈作准备。社区中的活动设计可以用于关心他人的伦理探索。

异龄（cross-age）学生教学或辅导也是人格教育有效的课外学习活动。比如，年长的学生辅导年幼的学生阅读，这时前者也应该让后者讨论故事中所包含的价值观及其含义。

在所有情况下，学生在课外活动后都应该有认真的反思。反思活动可以通过写日记、讨论或者两个都用的方式进行。应该要求学生总结他们在这些活动中的收获，以及在这些活动中价值观是如何展现出来的。这些反思活动有助于澄清和巩固学生在经验中所学到的东西。

# 小　结

本章意在举例说明发展性人格教育如何付诸实践。它说明了与人格和价值观有关的话题，如何与小学和中学阶段学生的可能发展水平相协调，并为把当前的教学策略调整为与学生的发展水平相适应的教学策略提出了一些建议。

这些发展性人格教育实践的阐述并不详尽，也不排斥其他的人格教育方式，只是希望教师和课程开发者借助这个框架，产生出自己对于有效地实行此人格教育理念的一些想法。虽然没有"正式的"的发展性人格教育课程，但是当代人格教育倡导者的很多（当然不是全部）课程建议，都可以转化为与发展性视角相一致的建议（Lickona，1991，2004；Ryan & Bohlin，1999）。

如我所说，在市场上海量的人格教育材料和方法中，有些是可以用于发展性目的的。因为这些资料过于丰富，我没有引用，以免挂一漏万或者看上去有失偏颇。伯科维茨和比尔（Berkowitz & Bier，2005）审视并评价了大量现有人格教育的方法，读者将会发现他们的研究很有价值。

最后，这些关于发展性人格教育课程与教学的概述源于这样一种设想：绝大多数学校的人格教育都是在教室中发生的。当然有一些前途无量的人格教育学校，但显然这些只是特例（Lickona & Davidson，2005）。因此，本章所关注的是能在教室中完成的一些教育活动。

# 结　　语

人格教育，作为当代价值观教育最广为人知的一个术语，理应得到审慎的关注。至少，我们需要知道什么是人格教育以及为什么人们认为它是有价值的。在前面的章节中，我已经讨论过这两个问题，在这篇总结性的结语中，我将对其进行简短的评述。

## 什么是人格教育

至少最近十年来，人格教育这个词在价值观教育和学校教育的专业话语中占有主导地位，教育者已经听习惯了，政府官员和普通民众也日益熟悉了这个词。尽管人格教育已经成为学校教育及教育政策讨论中的一个普遍主题，但人格教育的概念仍然需要更高度的关注。因为当我们频繁地使用一个词的时候，对它的熟悉往往会让我们认为人们对其含义有着某种共识——即使事实上并没有。这就是人格教育这个概念所面临的情况。

一个概念使用的普遍性不能掩饰其共识性定义的缺失。比如，在人格教育的会议上，有很多关于人格教育及其实践的报告，但参加这些会议的人离开时一定会带着这样的疑问：如此多样的教育实践怎么可能都被当作同一个价值观教育概念的组成部分呢？

在阅读不同学区的人格教育实践调查报告时，我们越发能发现人格教育定义的模糊性。在这些学校里，异常多样的教育活动都被当作人格教育的范例，但是却没有清晰、确切、统一的人格教育定义。

人格教育需要有一个普遍公认的定义的原因如下。其一，对于那些有兴趣探索是否把人格教育作为其学校教育课程的一个组成部分的学校领导者而言，他们需要知道他们正在考察的东西是什么，这样他们才能考察现有课程的相关材料，才能鉴别相关研究的有效性；对那些有兴趣推进有关人格教育的立法及资助的政治领导人而言，他们需要清楚自己所说的是什么；对那些理论研究者及项目的评估者而言，也需要有一个人格教育的确切定义，要测定人格教育效果的研究者需要确切地知道他们要评估的东西是什么。

在第 1 章，在认真评析了主要的人格教育倡导者的著述，考察了他们所进行的人格教育的实践后，我给出了当代人格教育的一个操作性定义。通过确认这些著述中通用的理论与实践概念，我提出了下面的定义：

> 人格教育是指任何由学校发起的，通过明确教授可以直接导致良好行为的、非相对主义的价值观，以直接系统地养成年轻人良好行为的教育项目。

这个定义有利于我们评价当代人格教育理论与实践的优点和缺点。

本研究在吸取当代人格教育思路优点的基础上，提出了人格教育的定义与重构，使其理论与实践的发展有了很大的提升。基于那些我应该已经讲得很清楚的原因，我把这种重构称为发展性人格教育。应该注意，人格教育也会在学校之外的情境中发生，但是，本书主要聚焦于学校背景中的人格教育。

## 发展性人格教育的价值

学校总是会显性地或隐性地以这种或那种形式实施价值观教育。在最低限度上，我们希望学校培养学生一些与学术科目相关的知识和技能，我们也希望学校通过将学生培养成不仅有学术知识与技能，而且有尊重他人、维护他人尊严的能力与品质，从而对提升整个社会素质有所贡献的成人公民，造福于整个社会。通常所称的公民教育，即通过影响年轻人的价值观从而服务于建构一个更好的社会的直接努力，现在统称为人格教育。

学校对完美人格的促进方式，与家庭、宗教等其他社会组织有很大区别。当然，家庭与学校对年轻人的人格影响是非常大的，但是，学校教育的结构，使之有可能对人格发展产生独特的贡献。

学校教育对人格教育有着独特的贡献，一个原因可能在于其人员的多样性。这种多样性包括民族、社会经济状况、种族、生理和智力需求、性别、兴趣和宗教的多样性，这使得学生可以在非常广泛的、不同的视野下，倾听、思考和讨论大量与价值观相关的问题。在某种程度上，这也为学生提供了一个在不断涌现的价值观倾向中采取行动的社会情境，而且，从理想的情况看，也可能引导学生对自己和他人的价值观及行为进行反省。人格教育有助于学生在多元环境中理智地应对和参与价值观讨论，而这也为他们应对民主社会生活中存在的挑战与责任提供了良好的现实准备。

人格教育基本理论中的一个更有影响力的因素是,它认为好的公民不止包括个人与政府的关系,而是从所有可能的角度,不管是学校、邻里、工作场所,还是其他地方,关注与价值观相关的公民行为。

本书的核心是对当代人格教育的评估。前面的几章指出人格教育的理论与实践存在着严重的缺点,针对其现有的不足,主要是其缺少发展性视角的不足,本书提出了理论与实践方面的巨大变革。我把改造后的观点称为发展性人格教育,我认为,它可以克服现有人格教育的不足。

发展性人格教育的理论核心,是对价值观问题提出了更为全面、更为深刻的理解,以及这种理解与人的知性和行为的关系。其核心观点是,真正的道德生活并不是简单地、盲目地服从于某些公认的道德权威或规则手册。发展性人格教育相信,没有"适用于所有情境的道德上正确行为的百科全书"。发展性人格教育认为,必须致力于促进人的能力的提升,这种能力指自觉地和愿意自觉地思考道德价值观问题,以及对这些问题的解决与行动能力。同时,我们也认为,道德原则在作出好的判断上起着关键的作用。

## 最后一点

希望大家不要感到惊讶,我认为我在本书中谈到的发展性人格教育的理论与实践在现有的人格教育理论中是最有吸引力的一个,是生发人格教育课程与教学的最好平台。

还有一点需要说明,本书并不是一个要为大家提供教学策略的文本,书中所提供的课程与教学的例子只是我从上述理论及基本依据中推演出来的。课程的设计者们、教师以及其他相关人员一定可以演绎出更多的案例。对于发展性人格教育而言,没有正式的教学手册,学校工作人员必须凭借自己的地方性知识与智慧,为自己的社区创造出更有效的发展性人格教育。

# 参 考 文 献

Althof, W. , & Berkowitz, M. (2006, December). Moral education and character education: Their relationship and roles in citizenship education. *Journal of Moral Education*, *35* (4), 495 – 518.

Bennett, W. J. (1993). *The index of leading cultural indicators*. Washington, DC: The Heritage Foundation.

Bennett, W. J. (1996). *The book of virtues for young people: A treasury of great moral stories*. Englewood Cliffs, NJ: Silver Burdett Press.

Benninga, J. S. , & Wynne, E. W. (1998, February). Keeping in character: A time-tested solution. *Phi Delta Kappan*, *79* , 439 – 445.

Berkowitz, M. W. , & Bier, M. C. (2005). *What works in character education: A report for policy makers and the media*. Washington, DC: Character Education Partnership.

Berman, S. H. (1997). *Children's social consciousness and the development of social responsibility*. Albany: SUNY Press.

Berman, S. H. (2004, September). Teaching civics: A call to action. *Principal Leadership*, *5* (1), 16 – 20.

Beyer, B. K. (1976, April). Conducting moral discussions in the classroom. *Social Education*, *40* (4), 194 – 202.

Blatt, M. , & Kohlberg, L. (1971). The effects of classroom discussion on the development of moral judgment. *Journal of Moral Education*, 4 (2), 129 – 161.

Brooks, B. D. , & Kann, M. E. ( 1963, November). What makes character education programs work. *Educational Leadership*, 551 (3), 19 – 21.

Burgess, A. (1962). *A clockwork orange*. London: Heinemann.

Callahan, D. (2004). *The cheating culture: Why more Americans are doing wrong to get ahead*. New York: Harcourt.

Catalano, R. F. , Berglund, M. L. , Ryan, J. A. M. , Lonczak, H. S. , & Hawkins, J. D. (2004, January). Positive youth development in the United States: Research findings on evaluations of positive youth development programs. *The ANNALS of the American Academy of Political and Social Science*, 591 , 98 – 124.

Cross, B. (1997). What inner-city children say about character. In A. Molnar ( Ed. ), *The construction of children's character* (pp. 120 – 126). Chicago: University of Chicago Press.

Davis, M. (2003, November). What's wrong with character education. *American Journal of Education*, 110 (1), 32 – 57.

Elam, S. M. , Rose, L. C. , & Gallup, A. M. (1993, October). The 25th annual Phi Delta Kappa/Gallup pull of the public's attitudes toward the public schools. *Phi Delta Kappan*, 75 (2), 137 – 152.

Erikson, E. (1963). *Childhood and society*. New York: W. W. Norton.

Genter for Civic Education. ( December 2004). *From classroom to citizen: American attitudes on civic education*. Calabasas, CA: Author.

Gee, R. , & Quick, J. (1997). *The Wisconsin citizenship initiative program guide*. Madison: Wisconsin Department of Public Instruction.

Gielen, U. (1991). Research on moral reasoning. In L. Kuhmerker ( Ed. ), *The Kohlberg legacy for the helping professions* (pp. 39 – 60). Birmingham, AL: R. E. P. Books.

Gilligan, C. (1982). *In a different voice*. Cambridge, MA: Harvard University Press.

Golding, W. (1954). *Lord of the flies*. New York: Perigee.

Hart, D. , & Carlo, G. (2005). Moral development in adolescence. *Journal of Research on Adolescents*,*15* （3）, 223 – 233.

Hartshorne, H., & May, M. A. (1928). *Studies in deceit*. New York: Macmillan.

Heartwood Institute. (1992). *An ethics curriculum for children*. Pittsburgh, PA: The He-
artwood Institute.

Henning, J. E. (2008). *The art of discussion-based teaching*. New York: Routledge.

Hoffman, M. L. (2000). *Empathy and moral development: Implications for caring and
justice*. Cambridge, UK: Cambridge University Press.

Jackson, P. W. (1990). *Life in classrooms*. New York: Teachers College Press.

Josephson Institute of Ethics. (2006). *The ethics of American youth*. http: //www. joseph
soninstitute. org/

Kamtekar, R. (2004, April). Situationism and virtue ethics on the content of our char-
acter. *Ethics*,*114* , 458 – 491.

Kohlberg, L. (1969). Stage and sequence: The cognitive-developmental approach to so-
cialization. In D. Goslin ( Ed. ), *Handbook of socialization theory and research*
( pp. 347 – 480). Chicago: Rand McNally.

Kohlberg, L. (1970). Education for justice: A modern statement of the Platonic view. In
T. Sizer ( Ed. ), *Moral education: Five lectures* ( pp. 57 – 83 ). Cambridge, MA:
Harvard University Press.

Kohlberg, L. ( 1971). From is to ought: How to commit the naturalistic fallacy and get
away with it in the study of moral development. In T. Mischel ( Ed. ), *Cognitive devel-
opment and epistemology* ( pp. 151 – 236). New York: Academic Press.

Kohlberg, L. ( 1973, October). The claim to moral adequacy of a highest stage of moral
judgment. *Journal of Philosophy*,*70* （18）, 630 – 646.

Kohlberg, L. (1976). Moral stages and moralization: The cognitive-developmental ap-
proach. In T. Lickona ( Ed. ), *Moral development and behavior: Theory, research,
and social issues* ( pp. 31 – 53 ). New York: Holt, Rinehart and Winston.

Kohlberg, L. (1980). High school democracy and educating for a just society. In R. L.
Mosher ( Ed. ), *Moral education: A first generation of research and development* ( pp.
20 – 57). New York: Praeger.

Kohn, A. (1993). *Punished by rewards*. Boston, MA: Houghton-Mifflin.

Kohn, A. (1997, February). How not to teach values: A critical look at character education. *Phi Delta Kappan*, 78 (6), 428 – 459.

LaPiere, R. T. (1970). Attitudes vs. actions. In D. Forcese & S. Richer (Eds.), *Stages of social research: Contemporary perspectives* (pp. 93 – 100). Englewood Cliffs, NJ: Prentice-Hall.

Leming, J. S. (1996). Teaching values in social studies education: Past practices and future possibilities. In B. Massialas & R. Allen (Eds.), *Crucial issues in the social studies* (pp. 145 – 180). Belmont, CA: Wadsworth.

Leming, J. S. (1997). Research and practice in character education: A historical perspective. In A. Molnar (Ed.), *The construction of children's character* (31 – 24). Chicago: University of Chicago Press.

Leming, J. S. (December, 2000). Tell me a story: An evaluation of a literature-based character education programme. *Journal of Moral Education*, 29 (4), 413 – 427.

Leming, J. S. (2001, Spring/Summer). Historical and ideological perspectives on teaching moral and civic virtue. *The International Journal of Social Education*, 16 (1), 62 – 76.

Lickona, T. (1976). Critical issues in the study of moral development and behavior. In T. Lickona (Ed.), *Moral development and behavior: Theory, research, and social issues* (pp. 3 – 27). New York: Holt, Rinehart and Winston.

Lickona, T. (1991). *Educating for character*. New York: Bantam Books.

Lickona, T. (1993, November). The return of character education. *Educational Leadership*, 51 (3), 6 – 11.

Lickona, T. (1998, February). A more complex analysis is needed. *Phi Delta Kappan*, 79 (6), 449 – 454.

Lickona, T. (2004). *Character matters: How to help our children develop good judgment, integrity, and other essential virtues*. New York: Simon & Schuster.

Lickona, T., & Davidson, M. (2005). *Smart and good high schools: Integrating excellence and ethics for success in school, work, and beyond*. Washington, DC: Character

Education Partnership.

Lockwood, A. L. (1975, September). A critical view of values clarification. *Teachers College Record,77* (1), 35 – 50.

Lockwood, A. L. (1985/1986). Keeping them in the courtyard: A response to Wynne. *Educational Leadership, 43* (4), 9 – 10.

Lockwood, A. L. (1993, November). A letter to character educators. *Educational Leadership,51* (3), 72 – 75.

Lockwood, A. L. (1996, January). Controversial issues: The teacher's crucial role. *Social Education,60* (1), 28 – 31.

Lockwood, A. L. (1997). What is character education? In A. Molnar (Ed.), *The construction of children's character* (pp. 174 – 185). Chicago: University of Chicago Press.

Lockwood, A. L., & Harris, D. E. (1985). *Reasoning with democratic values: Ethical problems in United States history.* New York: Teachers College Press.

Macaulay, J., & Berkowitz, L. (Eds.). (1970). *Altruism and helping behavior: Social psychological studies of some antecedents and consequences.* New York: Academic Press.

Milgram, S. (1965, February). Some conditions of obedience and disobedience to authority. *Human Relations,18* (1), 57 – 76.

Murphy, M. M. (2002). *Character education in America's blue ribbon schools.* Lanham, MD: Scarecrow Press.

Myrdal, G. (1944). *An American dilemma.* New York: Harper & Row.

Noddings, N. (2002). *Educating moral people.* New York: Teachers College Press.

Parker, W. C. (2003). *Teaching democracy: Unity and diversity in public life.* New York: Teachers College Press.

Peters, R. S. (1967). *Ethics and education.* Oakland, NJ: Scott, Foresman.

Piaget, J. (1965). *The moral judgment of the child.* New York: Free Press.

Piaget, J. (1970). *Genetic epistemology.* New York: Columbia University Press.

Pinker, S. (2008, January 13). The moral instinct. *The New York Times Magazine*, pp. 32 – 58.

Prothro, J., & Grigg, C. (1960, May). Fundamental principles of democracy: Bases of agreement and disagreement. *Journal of Politics*, *22* (2), 276 – 294.

Purpel, D. E. (1997). The politics of character education. In A. Molnar (Ed.), *The construction of children's character* (pp. 140 – 153). Chicago: University of Chicago Press.

Raths, L. E., Harmin, M., & Simon, S. B. (1966). *Values and teaching.* Columbus, OH: Charles E. Merrill.

Reimer, J., Paolitto, E. P., & Hersh, R. H. (1983). *Promoting moral growth: From Piaget to Kohlberg.* New York: Longman.

Rest, J. R. (1986). *Moral development: Advances in research and theory.* New York: Praeger.

Ryan, K. (1981). *Questions and answers on moral education.* Bloomington, IN: Phi Delta Kappa Educational Foundation.

Ryan, K. (1989). In defense of character education. In L. Nucci (Ed.), *Moral development and character education* (pp. 3 – 17). Berkeley, CA: McCutchan.

Ryan, K. (1993, November). Mining the values in the curriculum. *Educational Leadership*, *51* (3), 16 – 18.

Ryan, K., & Bohlin, K. E. (1999). *Building character in schools: Practical ways to bring moral instruction to life.* San Francisco: Jossey-Bass.

Selman, R. L. (2003). *The promotion of social awareness: Powerful lessons from the partnership of developmental theory and classroom practice.* New York: Russell Sage Foundation.

Simon, K. G. (2001). *Moral questions in the classroom: How to get kids to think deeply about real life and their schoolwork.* New Haven, CT: Yale University Press.

Simon, S. B., Howe, L. W., & Kirschenbaum, H. (1972). *Values clarification: A handbook of practical strategies for teachers and students.* New York: Hart.

Smagorinsky, P., & Taxel, J. (2005). *The discourse of character education: Culture wars in the classroom.* Mahwah, NJ: Erlbaum.

Superka, D. P., Ahrens, C., & Hedstrom, J. E. (1976). *Values education source-*

*book.* Boulder, CO: Social Science Education Consortium.

Westie, E. (1965, August). The American dilemma: An empirical test. *American Soci-
ological Review,30* (4), 527 – 538.

Wright, R. (1996). *Black boy.* New York: Harper & Row.

Wynne, E. A. (1985/1986). The great tradition in education: Transmitting moral val-
ues. *Educational Leadership,43* (4), 4 – 9.

Wynne, E. A. (1989). Transmitting traditional values in contemporary schools. In L.
P. Nucci (Ed.), *Moral development and character education* (pp. 19 – 36). Chicago:
University of Chicago Press.

Wynne, E. A. (1997). For character education. In A. Molnar (Ed.), *The construction
of children's character* (pp. 63 – 76). Chicago: University of Chicago Press.

Wynne, E. A., & Ryan, K. (1997). *Reclaiming our schools: Teaching character, ac-
ademics, and discipline.* Columbus, OH: Merrill.

Wynne, E. A., & Walberg, H. J. (1985/1986). The complementary goals of charac-
ter development and academic excellence. *Educational Leadership,43* (4), 15 – 18.

# 译 后 记

2008 年秋，我来到威斯康星大学麦迪逊校区访学，跟随艾伦·洛克伍德（Alan Lockwood）教授听课，讨论道德教育问题，期间也有幸听了著名教育学者迈克尔·阿普尔（Michal Apple）和托马斯·鲍伯科威兹（Thomas Popkewitz）的课，参加了他们周三的读书会。在大洋彼岸重过一次学生生活，安静地思考道德教育问题，除了对家人及家乡的思念，确是一种别样的幸福。

第一次见到艾伦，他慈祥的面容上明亮的眼睛，让人感觉到睿智的力量。他把他的这本新作拿给我分享。第一次读完时，觉得这个小册子除了对人格教育的系统批评，没有什么新的东西呢，多少有点失望地放下了。之后跟着听了他的"社会研究教学方法"课，随着对他思想的了解，才慢慢知道这本小册子对实践的价值，发现它是一个很好的思想分析的范本，也为艾伦严谨的论证逻辑、精练的语言所折服。再读时就多少了解了其中的深意，产生了翻译的冲动。跟艾伦商量时，他欣然同意了。

后来，跟檀传宝教授说起人格教育的事，提到这本小册子，他同意将其收入"当代德育理论译丛"。在我的博士生周艳培（现在美国伊利诺伊大学访学，她翻译了第 1—5 章的初稿，我完成了全书的译校工作）的帮助下，才有了这本中译本。

诚实地讲，因为此书篇幅小，语言平实，虽然我深知自己英语不好，起初也觉得还可以应付。但一着手才发现，自己不光是英语不好，汉语也是捉襟见肘，无法运用自如，因而，统稿完成后，又请在读的硕士生王雅丽、贾修建帮忙通读全文，使之更符合汉语的表达习惯。虽然几尽全力，但看到审读人的疑问表及精心的审校稿时，不禁再次为自己的语言文字能力而汗颜。以往读书时，每读到译作中不懂的地方，少不了埋怨译者的文才，如今，终于明白做到"信、达、雅"是件多么不容易的事，也对自己以前的抱怨深感内疚。

对于"character education"，国内有很多种译法，最常见的有"品格教育"、"品德教育"和"人格教育"。本中译本选择了"人格教育"的译法，原因如下。第一，"character education"的倡导者，如本书中所提到的里考纳等人的一个哲学前提，是认为在西方的文化与哲学传统中存在一个关于优秀人格的共识，也就是"character"不仅仅是一种个体品质与素养，更是一种文化与时代共有的价值追求。对此，亨特（J. D. Hunter）在他的著作《人格之死》（*The Death of Character*）中有很好的论证。而且他认为在当代，"character"因为没有了社会的道德共识而不再有意义，这也是他所讲的"人格之死"的重要原因。可见，"character"这个概念，有着明确的文化与群体共享性内涵。如果译作"品德"或者"品格"，则对这一内涵体现不够，会容易让人误认为它只是个体的某种特征；第二，也许是与第一点相关，在国内早期的相关绍介，如袁桂林教授的《西方道德哲学流派》、冯增俊教授的《当代西方学校道德教育》中，"character education"都译作人格教育，因而，统一译作人格教育更方便学界的交流。

人格教育在美国实践中有一定的市场，也得到官方的支持，这是眼下的一个事实。但在道德教育理论界，对人格教育理论否定的声音远远大过肯定与支持的声音。在近几年的国际道德教育年会上，很少有人格教育者，特别是其主要代表人物来宣讲他们的理论研究，只有一些学校实践，讲一些策略性的做法，不过也如艾伦说的：虽然都宣称自己是人格教育，但都各执一词，莫衷一是。

当代人格教育的很多做法，甚至其思维方式，同我国当下学校道德教育的思考与实践有颇多相似之处，因而，我也以为，这本建设性批判的小册子，对我们思考中国当下道德教育实践的改进不无裨益。

当麦迪逊 2008 年的第一场雪落下时，我正经历着异域的文化震荡，当时写下的三阕十六字令，记录了彼时迷茫的心情："雪，飘摇长空为谁洁？放眼望，万里群芳谢。//雪，轻掠寒枝不肯歇。苦追寻，可消心中结？//雪，漫天飞扬着四野。寂无声，晶莹新世界。"

一次次徘徊在梦到她（Mondota，印第安语，极大的意思）湖畔，思考着国内道德教育的情形与自己的学术成长历程，不肯放弃理想，同样也感到责任的沉重。这种沉重，经过一年的学习、思考后，在即将回国前已经在一定程度上得以稀释，所以当在日本鸣门访问的檀传宝教授发来简短的问候"麦地星光浅//鸣门草木深//别来应无恙//把盏问游云"时，我已经能够坦然回复：疑窦越千古，愁眉锁如今。何言昆仑志，坦然求放心"。

再次做学生时，已全然不同于当初读书时的心情，如果说读书时更多是对思之追问的话，此时对现实的关切，已有了切肤之痛。

仅以此，作为那一年学生生活的见证！

感谢为此书付出心血的所有人！

感谢在麦迪逊给予我帮助的所有人！

孙彩平

出 版 人　　所广一
责任编辑　　何　艺
版式设计　　沈晓萌
责任校对　　贾静芳
责任印制　　曲凤玲

## 图书在版编目（CIP）数据

人格教育之辩：一个发展性视角／（美）洛克伍德
著；孙彩平，周艳培译. —北京：教育科学出版社，
2012.11
（当代德育理论译丛）
书名原文：The Case for Character Education：A
Developmental Approach
ISBN 978 – 7 – 5041 – 7000 – 2

Ⅰ.①人…　Ⅱ.①洛…②孙…③周…　Ⅲ.①品德教
育—研究　Ⅳ.①G416

中国版本图书馆 CIP 数据核字（2012）第 232926 号
北京市版权局著作权合同登记 图字：01 – 2011 – 2781 号

当代德育理论译丛
人格教育之辩：一个发展性视角
RENGE JIAOYU ZHI BIAN：YIGE FAZHANXING SHIJIAO

| 出版发行 | 教育科学出版社 | | |
|---|---|---|---|
| 社　　址 | 北京·朝阳区安慧北里安园甲 9 号 | 市场部电话 | 010 – 64989009 |
| 邮　　编 | 100101 | 编辑部电话 | 010 – 64981167 |
| 传　　真 | 010 – 64891796 | 网　　址 | http://www.esph.com.cn |
| 经　　销 | 各地新华书店 | | |
| 制　　作 | 北京金奥都图文制作中心 | | |
| 印　　刷 | 保定市中画美凯印刷有限公司 | 版　　次 | 2012 年 11 月第 1 版 |
| 开　　本 | 169 毫米×239 毫米　16 开 | 印　　次 | 2012 年 11 月第 1 次印刷 |
| 印　　张 | 10 | 印　　数 | 1 – 3 000 册 |
| 字　　数 | 121 千 | 定　　价 | 24.00 元 |

如有印装质量问题，请到所购图书销售部门联系调换。